La pauvreté des revenus et les stratégies de subsistance des ménages de réfugiés

Mapendano Nabulizi

La pauvreté des revenus et les stratégies de subsistance des ménages de réfugiés

ScienciaScripts

Cover image: www.ingimage.com

This book is a translation from the original published under ISBN 978-613-9-93491-1.

Publisher:
Sciencia Scripts
is a trademark of
Dodo Books Indian Ocean Ltd. and OmniScriptum S.R.L publishing group

120 High Road, East Finchley, London, N2 9ED, United Kingdom
Str. Armeneasca 28/1, office 1, Chisinau MD-2012, Republic of Moldova, Europe

ISBN: 978-620-5-69439-8

CHAPITRE 1
PROBLÉMATIQUE

1.1. Aperçu

Ce chapitre se compose de plusieurs sections : Informations générales, Problématique, Objectifs de recherche, Questions de recherche, Justification de l'étude, Limites de l'étude et une conclusion.

Essentiellement, les informations de base offrent un aperçu chronologique de l'histoire des "réfugiés et de la pauvreté monétaire" sous différents angles dans le monde et limitent les informations à la zone étudiée. La problématique examine l'impact de la pauvreté monétaire sur les stratégies de subsistance des ménages de réfugiés et tente d'identifier les lacunes de certaines études antérieures, étant donné que des informations sont disponibles dans différents camps de réfugiés, y compris Nyarugusu. Les questions de recherche visent à découvrir ce que le chercheur ne savait pas et qu'il souhaitait donc étudier. Les objectifs de l'étude visent à examiner dans quelle mesure la pauvreté monétaire affecte les stratégies de subsistance des ménages de réfugiés et à essayer de trouver des solutions pour améliorer la situation. En fin de compte, l'exposé des motifs de l'étude prédit une contribution fructueuse de l'étude pour différents acteurs.

1.2. Informations de fond

La question de la pauvreté des revenus dans les camps de réfugiés n'est pas un phénomène nouveau, mais un phénomène qui se retrouve tout au long de l'histoire de l'humanité, jusqu'aux premières origines des réfugiés dans le monde. Albert (1999) rapporte par exemple qu'en 1573, les calvinistes qui fuyaient l'oppression politique dans les Pays-Bas sous contrôle espagnol étaient confrontés à de graves problèmes, notamment des problèmes de santé, de malnutrition, de manque d'emploi et de détresse économique. La même source indique que, suite à la Première Guerre mondiale (1914-1918), de nombreux sujets de la France, du Royaume-Uni et d'autres pays ont été confrontés à de nombreux problèmes, dont une grande pauvreté, tant qu'ils se trouvaient dans les camps et qu'ils étaient déplacés à l'intérieur de ceux-ci.

Welter (2005) souligne que c'est au cours de la même décennie de la Première Guerre mondiale qu'a eu lieu la première coordination internationale sur les questions de réfugiés. Le Haut Commissariat pour les réfugiés de la Société des Nations, dirigé par Fridtjof Nansen, a été créé en 1921 pour venir en aide aux quelque 1 500 000 personnes qui avaient fui la révolution russe de 1917 et la guerre civile qui s'en était suivie (1917-1921). Le Haut Commissariat pour les réfugiés de la Société des Nations leur a apporté son soutien, mais la vie des réfugiés n'a cessé de se détériorer en raison de divers phénomènes liés notamment au manque de revenus et aux restrictions de mouvement.

L'échange de population entre la Grèce et la Turquie en 1923 a concerné environ deux millions de personnes, dont la plupart ont été transformées de force en réfugiés et expulsées *de jure de* leurs pays d'origine séculaires ou millénaires, et a été encouragé et contrôlé par la communauté internationale dans le cadre du traité de Lausanne (ibid.). Parallèlement, le Congrès des États-Unis a adopté en 1921 l'Emergency Quota Act, suivi de l'Immigration Act de 1924. L'Immigration Act de 1924 visait à limiter davantage l'immigration des Européens du Sud et de l'Est, en particulier des Juifs, des Italiens et des Slaves, qui étaient arrivés en grand nombre dans le pays depuis les années 1890 (ibid.).

Malgré cette restriction imposée par la loi sur l'immigration de 1924, les États-Unis sont parvenus plus tard à convaincre quatorze États de signer la Convention sur les réfugiés de 1933, un instrument faible en matière de droits de l'homme, et d'aider plus d'un million de réfugiés (ibid). La montée du nazisme a entraîné une telle augmentation du nombre de réfugiés en provenance d'Allemagne que la Société des Nations a créé en 1933 une Haute Commission pour les réfugiés en provenance d'Allemagne. Le mandat de ce haut-commissariat a ensuite été étendu aux personnes originaires d'Autriche et des Sudètes (ibid.).

Le 31 décembre 1938, le Bureau Nansen et le Haut Commissariat ont tous deux été dissous et remplacés par le Haut Commissariat pour les réfugiés, sous la protection de la Société des Nations. Cela coïncidait avec la fuite de plusieurs centaines de milliers de républicains espagnols vers la France, après leur défaite contre les nationalistes lors de la guerre civile espagnole de 1939 (ibid.).

Dans le but de continuer à résoudre les problèmes des réfugiés après la fin de la Première Guerre mondiale et la création de la Société des Nations, on a commencé à institutionnaliser l'aide aux réfugiés. À la fin de la Seconde Guerre mondiale, les Nations unies ont remplacé la Société des Nations et ont créé l'Organisation internationale des réfugiés (OIR) en 1946. L'OIR a été remplacée en 1950 par le Haut Commissariat des Nations unies pour les réfugiés (HCR), qui avait pour mission d'encourager les pays à accueillir les réfugiés, d'empêcher leur rapatriement forcé et de leur fournir aide et protection (ibid.).

Une étude de Cavaglieri (2005) souligne que, malgré les efforts importants déployés pour trouver une solution institutionnelle aux problèmes des réfugiés, les guerres de libération nationale et les conflits post-indépendance ont largement contribué à un certain nombre de problèmes, tant en Afrique qu'en Asie ; non seulement à des catastrophes qui ont entraîné la perte de la vie de réfugiés de masse, comme cela a été le cas au début des années 1960, mais aussi à la pauvreté. On estime que plus de 150 000 Sahraouis - des personnes originaires du territoire contesté du Sahara occidental - vivent depuis 1975 dans cinq grands camps de réfugiés près de Tindouf, dans la partie algérienne du désert du Sahara, en raison de l'absence de possibilités d'emploi dans ces camps (Ibid).

Les réfugiés officiellement reconnus par les Nations unies (ONU) et d'autres instances politiques internationales ont généralement droit à un certain nombre d'avantages juridiques et à une aide humanitaire, qui ne les aident toutefois pas à satisfaire de manière satisfaisante leurs besoins fondamentaux dans les camps de réfugiés en raison de la pauvreté absolue existante (Albert, 1999).

En raison d'une série de problèmes liés au manque de revenus dans les camps, beaucoup de ces réfugiés se déplacent vers des villes plus grandes dans d'autres pays pour survivre, et ils s'installent souvent dans des bidonvilles dangereux et surpeuplés et travaillent dans des professions subalternes (Ibid). On estime donc qu'en raison de ces nouveaux schémas migratoires, pour la première fois dans l'histoire de l'humanité, davantage de personnes sur Terre vivront dans des villes que dans des zones rurales.

Certains réfugiés cherchent du travail et de meilleures opportunités à l'étranger, en se déplaçant parfois illégalement dans ces pays. Beaucoup d'autres sont recrutés légalement par les pays industrialisés pour effectuer des travaux mal payés, dangereux et quotidiens dans l'agriculture, l'industrie manufacturière, la transformation de la viande et d'autres secteurs (ibid).

De nombreux réfugiés en Afrique se rendent dans les pays voisins pour y trouver refuge ; souvent, les pays africains sont des pays d'origine pour les réfugiés et des pays d'asile pour d'autres réfugiés. La Tanzanie, comme d'autres pays d'accueil, a accueilli un certain nombre de réfugiés de ses voisins : Rwanda, Burundi et République démocratique du Congo (RDC)

Avec le soutien du HCR et d'autres organisations humanitaires, la République unie de Tanzanie (URT) offre une protection à ses réfugiés (Nabulizi, 2006). Les registres de l'URT (1998) indiquent que l'afflux de réfugiés dans la région de Kigoma (nord-ouest de la Tanzanie) se poursuit depuis les années 1950, mais que l'afflux le plus grave a eu lieu en 1993, après l'échec du coup d'État au Burundi, lorsque 370 000 réfugiés burundais ont été enregistrés dans les régions de Kigoma et de Kagera. En 1996 également, on a assisté à un nouvel afflux de réfugiés en provenance du Burundi, de la République démocratique du Congo et de ce qui était alors le Zaïre, suite à des troubles politiques au Burundi et à des troubles et des combats de rebelles en République démocratique du Congo. La paix qui régnait après la chute du gouvernement de Mobutu a permis le rapatriement volontaire d'un total de 53 971 réfugiés congolais dans le cadre de l'accord tripartite. En juillet 1998, environ 210 000 réfugiés étaient enregistrés (Ibid).

Les camps de réfugiés dans ces zones sont ciblés par le gouvernement de la République unie de Tanzanie et gérés par le HCR et d'autres organisations afin d'offrir sécurité et protection et de répondre aux besoins de base tels que les soins de santé, la nourriture, le logement et la réhabilitation communautaire (ibid). Toutefois, le véritable objectif des camps de réfugiés est d'accueillir les réfugiés pour une transition limitée et un séjour temporaire dans le but de les mobiliser, de les réintégrer et de les renvoyer dans leur pays d'origine une fois la paix et l'harmonie rétablies dans les pays d'origine.Malgré le soutien de la Tanzanie et du HCR pour l'attribution de refuges aux réfugiés, des informations montrent que la population réfugiée est victime de la pauvreté des revenus dans le pays. Dans une présentation d'Elizera (2004), il est décrit que les réfugiés qui avaient fui le Burundi vers la Tanzanie en 1972 en raison du conflit ethnique ont connu un niveau de revenu ininterrompu et assez bas dans les camps, car ils n'avaient pas accès à des activités génératrices de revenus. Les mêmes problèmes se sont posés en 1994 à Nduta et dans d'autres camps de réfugiés burundais dans le nord-ouest de la Tanzanie. Un article publié par Dempas (2000) corrobore ce fait en expliquant que, même si les réfugiés ne sont pas confrontés à des problèmes de persécution et de nutrition, les niveaux extrêmes de pauvreté restent un problème pour les hommes et les femmes, en particulier pour ceux qui sont à la tête de familles.

On pourrait s'interroger sur les facteurs qui sous-tendent les problèmes économiques des réfugiés dans les lieux de refuge et sur les motifs qui sous-tendent leur patience. Mais nous devrions nous rappeler qu'aucun être humain ne peut souhaiter une vie insatisfaisante. Une vie meilleure est souhaitable pour tout être humain. Il convient donc de préciser que ces réfugiés sont des personnes qui n'ont pas voulu fuir leur pays et vivre dans la misère dans des camps, mais que la situation de leur État les y a contraints.

Les informations contenues dans la tendance ci-dessus indiquent que les populations de pays connaissant des tensions politiques, des haines ethniques et des violations des droits de l'homme ont produit des réfugiés qui, après avoir quitté leur lieu de résidence habituel, sont confrontés à une série de difficultés, de défis de vie, y compris des problèmes économiques dans les pays d'asile. Cela peut être dû au fait que, suite à des guerres et à d'autres violations des droits de l'homme, ils abandonnent leurs biens, perdent leur emploi et doivent mener une nouvelle vie pauvre dans de nouvelles conditions, où il peut être très difficile pour eux de trouver un emploi et d'acquérir d'autres biens.

En résumé, l'histoire ci-dessus montre comment la pauvreté monétaire se manifeste dans le monde des réfugiés, à quel point elle est répandue et quel impact elle a sur les réfugiés. Après avoir examiné cette histoire, la présente étude s'est concentrée sur l'impact de la pauvreté monétaire sur les stratégies de subsistance des ménages de réfugiés dans le camp de Nyarugusu.

1.3. Définition du problème

Les ménages de réfugiés vivant dans des camps de réfugiés n'ont souvent pas réussi à planifier leur vie et à répondre à leurs attentes, car ils vivent dans une situation de pauvreté liée à l'absence de possibilités de revenus dans les centres d'hébergement. Cavaglieri (2005) a constaté que le fait d'être réfugié revêt très souvent de nombreuses dimensions et a souligné que les réfugiés ne sont pas seulement dépourvus de protection nationale, mais qu'ils sont également pauvres.

Les réfugiés qui vivent dans la pauvreté sont confrontés à de nombreux problèmes. Parmi les chefs de ménage des réfugiés qui vivent avec un faible revenu, il y a un niveau élevé de stigmatisation et de stress, ce qui conduit à l'isolement des familles. Ruzamuka (2006) décrit que les enfants deviennent parfois les pourvoyeurs de la famille et sont souvent confrontés à une série d'autres problèmes, dont la maltraitance dans l'enfance, les problèmes psychologiques, la malnutrition et la mendicité, comme le montre la figure 1.3(a).

Fig. 1.3(a) : Un enfant réfugié victime de la pauvreté monétaire

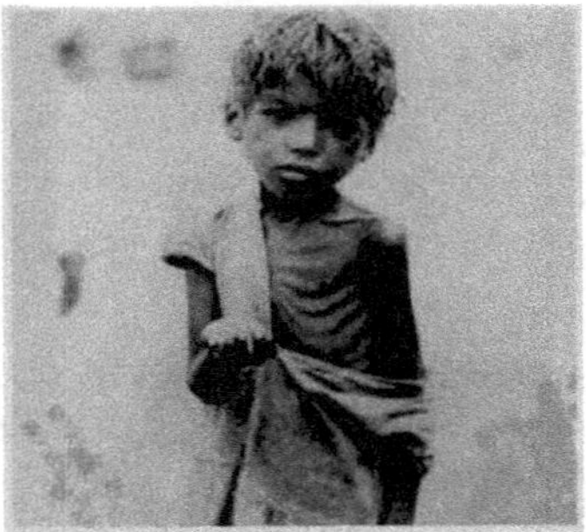

Source : Repris de Ruzamuka (2006)

En outre, une étude menée par Elizera (2004) sur les réfugiés burundais a révélé que plus de 79 % des femmes réfugiées étaient des femmes au foyer et n'exerçaient pas d'activité rémunérée, ce qui entraînait de mauvaises conditions de vie. Un rapport présenté par Jailos (2006) montre également que de nombreux ménages de réfugiés passent plusieurs jours sans aucune activité génératrice de revenus ; ils ont donc des possibilités limitées et mènent une vie misérable pendant leur vie dans les refuges.

Il ressort également de la littérature que plusieurs chercheurs et activistes ont mené diverses études dont l'attention s'est portée sur les problèmes des réfugiés dans les camps de réfugiés, mais l'ampleur du problème semble être plus importante. Une étude de Nabulizi (2006:38) sur *les "problèmes auxquels sont confrontées les femmes réfugiées dans les pays d'accueil" révèle que* les réfugiés dans les camps de réfugiés sont confrontés à une série de problèmes, notamment la détresse économique, le manque de sécurité, les faibles possibilités de revenus et le chômage. La même étude révèle que 9,7 familles de réfugiés sur 10 vivant dans les camps de réfugiés souffrent d'une grave pauvreté de revenus.

On peut donc en déduire que le problème de la pauvreté monétaire est très répandu parmi les ménages de réfugiés.

Bien que de nombreuses preuves aient été citées ci-dessus, les études antérieures ne proposent pas de focalisation spécifique. De plus, les études en question n'ont pas examiné l'impact de la pauvreté monétaire sur les ménages de réfugiés ni sur une autre catégorie plus restreinte de la population réfugiée. Toutefois, l'étude menée par Nabulizi a été réalisée dans les camps de réfugiés congolais de Lugufu I et Lugufu II. Les informations disponibles n'indiquent pas non plus qu'une étude sur l'impact de la pauvreté a été menée dans le camp de réfugiés de Nyarugusu ; l'ampleur du problème reste donc cachée.

Ipso facto, l'impact de la pauvreté monétaire parmi les ménages de réfugiés, en particulier dans le camp de Nyarugusu, était manifestement inexploré. Il a donc été jugé utile, dans le cadre de cette étude, d'examiner l'impact de la pauvreté monétaire sur les stratégies de subsistance des ménages de réfugiés dans le camp de Nyarugusu, afin de proposer des mesures réalisables pour améliorer la situation.

1.4. Objectif de l'étude
1.4.1. Objectif général
L'objectif global de cette étude était d'examiner l'impact de la pauvreté monétaire sur

les stratégies de subsistance des ménages de réfugiés dans le camp de réfugiés de Nyarugusu, afin de recommander des mesures réalisables pour améliorer la situation.

1.4.2. Objectifs spécifiques

Afin de délimiter et de donner une orientation claire à l'enquête, cette étude doit notamment :

    i. Déterminer dans quelle mesure la pauvreté monétaire affecte les stratégies de subsistance des ménages de réfugiés dans le camp de réfugiés de Nyarugusu ;

    ii. Identifier et évaluer les efforts entrepris pour lutter contre la pauvreté monétaire ;

    iii. Identifier les obstacles auxquels sont confrontés les ménages de réfugiés dans la lutte contre la pauvreté monétaire ;

    iv. élaborer des recommandations d'étude appropriées sur la base des résultats de l'étude, à l'intention des ONG, du gouvernement du pays d'accueil et des ménages de réfugiés

1.5. Questions de recherche

Pour obtenir des réponses à ce problème de recherche, cette étude s'appuie sur les questions de recherche suivantes :

    i. Dans quelle mesure la pauvreté monétaire affecte-t-elle les stratégies de subsistance des ménages de réfugiés dans le camp de Nyarugusu ?

    ii. Quelles sont les mesures prises pour lutter contre la pauvreté monétaire ?

    iii. Quels sont les obstacles auxquels sont confrontés les ménages de réfugiés dans la lutte contre la pauvreté monétaire ?

    iv. Que devraient faire les ONG, le gouvernement du pays d'accueil et les budgets des réfugiés pour endiguer la situation ?

1.6. Justification de l'étude

L'importance de réaliser une étude de ce type s'est imposée pour les raisons suivantes :

L'étude permettra aux différentes organisations non gouvernementales et gouvernementales qui s'occupent des réfugiés, aux décideurs politiques et aux chercheurs de prendre conscience de l'impact de la pauvreté monétaire sur les ménages de réfugiés et permettra à ces acteurs d'appliquer les solutions proposées afin de concevoir des stratégies solides pour résoudre les problèmes économiques des ménages de réfugiés et ainsi éradiquer la pauvreté absolue.

Les résultats de cette étude serviront de leçon patriotique à ceux qui pensent toujours à conquérir le pouvoir à l'aide d'armes à feu, ce qui a pour conséquence que la population quitte ses maisons et vit misérablement dans des refuges et des déplacements internes.

Il est tout aussi important que les résultats servent de source d'information pour les chercheurs, les universitaires, les érudits et les militants sur les problèmes liés à la pauvreté monétaire dans les communautés de réfugiés et dans d'autres communautés présentant des caractéristiques similaires.

1.7. Limites de l'étude

Les limites de la présente étude découlent des points suivants :

- Moment de l'étude : l'enquête a été menée alors que la région connaissait de fortes pluies de novembre à février. Certains coins de la zone d'étude sont impraticables à cette période de l'année, ce qui a rendu difficile l'accès à certaines personnes interrogées.

- Certaines personnes interrogées hésitaient à remplir les questionnaires parce qu'elles s'attendaient à recevoir de l'argent en retour. Le chercheur devait donc leur expliquer de manière crédible que cette étude n'avait qu'un but académique et pas autre chose.

1.8. Conclusion

L'objectif principal de ce chapitre était de décrire l'histoire du problème, en partant de différents endroits du monde, puis en se concentrant sur le nord-ouest de la Tanzanie, de définir le problème en termes d'ampleur, de présenter les domaines avec des objectifs spécifiques, dans la mesure où cela concerne l'état des connaissances, et de prévoir des contributions utiles.

Toutefois, le chapitre se termine sur le constat que la question de la pauvreté monétaire parmi les ménages de réfugiés n'est pas seulement historique, mais aussi actuelle et en cours, et qu'elle a un impact négatif sur la population réfugiée tant qu'elle vit dans des refuges officiellement désignés dans des pays d'asile. Les informations disponibles ont montré que la pauvreté monétaire est très répandue, qu'elle s'accompagne d'un niveau élevé de stress et d'isolement et qu'elle a de graves répercussions sur les stratégies de subsistance des ménages de réfugiés, ce qui se traduit par des possibilités très limitées et une vie de misère et de désespoir. Sur cette base, cette étude a été jugée indispensable pour examiner le choc du problème parmi les ménages de réfugiés dans le camp de réfugiés de Nyarugusu.

CHAPITRE 2
REVUE DE LA LITTÉRATURE

2.1. Aperçu

La revue de littérature est un résumé critique des lectures sur le sujet étudié, généralement réalisé dans le contexte ou pour identifier les lacunes et les points faibles des études antérieures, afin de déterminer un nouveau domaine d'étude (Polit, 1983:616). Dans ce chapitre, qui constitue la partie bibliographique, nous tenterons de présenter une revue de littérature synthétique en deux parties principales, l'une théorique et l'autre empirique.

Dans la revue de littérature théorique, nous essayons de résumer la littérature sur les thèmes suivants : Définitions de concepts clés (pauvreté monétaire, réfugié, ménage et ménage réfugié), Théories de la pauvreté (culture de la pauvreté, théorie individualiste, théorie géographique, théorie marxiste) et enfin Migration et pauvreté.

La recherche documentaire empirique s'est concentrée sur la présentation d'un aperçu de la littérature pertinente sur la pauvreté monétaire dans différents camps de réfugiés. Pour cette partie, les sections suivantes ont été examinées : Les causes de la pauvreté dans les camps de réfugiés (les obstacles aux activités économiques dans les camps de réfugiés, le chômage dans les camps de réfugiés, les réfugiés et le sous-salariat), les réfugiés, la pauvreté monétaire et l'exclusion sociale, l'impact général de la pauvreté et enfin la microfinance dans les camps de réfugiés.

2.2. Partie théorique
2.2.1. Définitions de termes clés
2.2.1.1. Pauvreté monétaire

Hakikazi (2008) considère la pauvreté monétaire comme un déficit ou un manque de revenu, constitué de matériel monétaire. Cela signifie ne pas avoir de revenu, avoir peu d'argent ou ne pas avoir les moyens de générer un revenu. Lorsque les personnes n'ont pas les moyens de générer un revenu, elles peuvent avoir un revenu faible ou nul. C'est le cas lorsqu'un ménage perçoit moins d'un dollar américain par jour (Ibid). Cela signifie que les gens n'ont pas assez à manger ou de médicaments, et qu'ils ont des vêtements et des maisons de mauvaise qualité. Maliyamkono et Mason (2006:372) ainsi que Lauer et Lauer (2004) sont d'accord avec Hakikazi et ajoutent que "la pauvreté monétaire est une situation dans laquelle le revenu est insuffisant pour satisfaire les besoins de base ou dans laquelle les personnes ne sont pas en mesure d'atteindre un niveau de vie adéquat, par exemple en termes de nourriture, de logement, de soins de santé, d'éducation et de vêtements". Lorsque les personnes ne disposent pas d'argent ou d'autres actifs, comme la terre, pour cultiver leur propre nourriture, la pauvreté monétaire peut entraîner une croissance atrophiée et une mort précoce (Hakikazi, 2008).

Sur la base de ce qui précède, la pauvreté monétaire est définie dans cette étude comme une situation dans laquelle une personne perçoit un revenu très faible qui ne lui permet pas de satisfaire à ses stratégies de subsistance, ou ne perçoit pas de revenu du tout.

Outre les points de vue susmentionnés sur la pauvreté monétaire, il a été jugé nécessaire dans cette étude de revoir le terme "réfugié" tel qu'il est défini par différents auteurs.

2.2.1.2. Réfugié

La Convention de Genève de 1951 définit le réfugié comme *"toute personne qui se trouve hors de son pays d'origine et qui craint avec raison d'être persécutée du fait de sa race, de sa religion, de sa nationalité, de son appartenance à un certain groupe social ou de ses opinions politiques et qui, craignant d'être persécutée, ne peut ou ne veut se réclamer de la protection de ce pays ou y retourner"* (UNHCR, 1999). Cette définition inclut les personnes persécutées en raison de leurs opinions politiques, de leurs activités religieuses ou de leur appartenance à un certain groupe ethnique et exclut les personnes qui fuient la misère économique ou qui sont victimes de tremblements de terre, de famines, d'inondations ou d'autres catastrophes naturelles.

Le groupe de représentants gouvernementaux, d'universitaires et d'éminents juristes d'Amérique latine s'est réuni en 1984 à Carthagène, en Colombie, et a adopté la déclaration dite de Carthagène. Cette déclaration recommandait notamment que la définition du terme "réfugié" utilisée dans la région englobe, outre les personnes répondant à la définition de la Convention de 1951, *"les personnes qui fuient leur pays parce que leur vie, leur sécurité ou leur liberté sont menacées par la violence généralisée, l'agression étrangère, les conflits internes, les violations massives des droits de l'homme ou d'autres circonstances qui ont gravement troublé l'ordre public"* (ibid.).

La Convention de l'Organisation de l'unité africaine (OUA) relative aux aspects propres aux problèmes des réfugiés en Afrique, adoptée en 1969, reprend la définition de la Convention de 1951, mais fait également référence aux *"personnes contraintes de quitter leur pays en raison d'une agression extérieure, d'une occupation, d'une domination étrangère ou d'événements troublant gravement l'ordre public dans une partie ou dans l'ensemble de leur pays d'origine ou de leur nationalité"* (ibid).

Aux fins de cette étude, un réfugié est une personne qui a fui son pays en raison d'une instabilité politique, d'une situation environnementale ou écologique, d'un conflit ethnique, d'une violation des droits de l'homme ou d'une domination étrangère, qui vit dans un pays étranger avec un statut de réfugié accordé par l'Agence des Nations unies pour les réfugiés et le pays d'accueil, et qui peut ou non y retourner un jour, lorsque la paix et la sécurité règnent dans son pays, pour y mener à nouveau une vie normale.

La définition du terme "réfugié" est liée à la notion de "ménage", qu'il s'agissait d'examiner dans cette étude.

2.2.1.3. Budget

Un ménage est un groupe de personnes qui vivent ensemble, qui sont liées par le mariage, l'union civile ou en tant que couple reconnu, ou qui ont un autre lien reconnu tel que le soin ou l'adoption (Curltez, 2002). Il comprend toutes les personnes qui occupent une unité d'habitation, c'est-à-dire une maison, un appartement, un mobile home, un groupe de chambres ou une seule pièce utilisée (ou destinée à être utilisée si elle est vide) comme espace de vie séparé. Les occupants peuvent être une seule famille, une personne vivant seule, deux familles ou plus vivant ensemble ou un autre groupe de personnes, apparentées ou non, vivant ensemble.

Aux fins de cette étude, un ménage est défini comme "une personne ou un groupe de personnes qui ont le logement comme résidence unique ou principale et qui, dans le cas d'un groupe, partagent soit au moins un repas par jour, soit les pièces de vie, c'est-à-dire un salon ou une salle de séjour". Ils peuvent être liés ou non par le mariage ou par le sang.

En accord avec la définition ci-dessus, le terme "ménage de réfugiés" est également défini ci-après comme faisant partie intégrante de la littérature d'étude.

2.2.1.4. Budget pour les réfugiés

Le terme "ménage de réfugiés" fait référence à un groupe de personnes qui ont obtenu le statut de réfugié et qui sont liées entre elles par un mariage, une union civile, un couple reconnu ou un autre lien reconnu tel que le placement ou l'adoption (Curltez, 2002). Les personnes qui vivent au même endroit mais qui ne sont pas liées de cette manière ne sont pas comptées comme un seul ménage. Par exemple, un groupe de cinq étudiants ou amis adultes compte comme cinq ménages, même s'ils vivent à la même adresse et partagent des installations.

Dans le cadre de cette étude, un ménage de réfugiés est l'ensemble des personnes formellement reconnues comme réfugiées par l'Agence des Nations unies pour les réfugiés et le pays d'accueil, qui vivent ensemble dans une même maison dans le camp de réfugiés et qui sont mariées entre elles ou ont un autre lien de sang ou de naissance. Les occupants d'un foyer de réfugiés peuvent être une seule personne vivant seule ou un groupe de personnes vivant ensemble.

Bien qu'un certain nombre de définitions importantes aient été données ci-dessus, cette étude est allée au-delà des définitions données et s'est efforcée de passer en revue d'autres ouvrages pertinents inclus dans cette partie théorique, en commençant par la culture de la pauvreté telle qu'elle est disséquée ci-dessous.

2.2.2. Théories de la pauvreté

2.2.2.1. La culture de la pauvreté

La culture de la pauvreté est un "projet de vie" qui se transmet d'une génération à l'autre (Blacks Academy, 2007). En d'autres termes, la pauvreté résulte de la transmission d'un ensemble de croyances, de valeurs et de compétences à travers les générations, qui sont générées par la société mais détenues individuellement.

Du point de vue de la culture de la pauvreté, l'individu n'est pas nécessairement responsable, car il est victime de sa sous-culture ou de sa culture dysfonctionnelle (Bradshaw, 2006). L'individu se sent exclu, impuissant et inférieur et adopte une attitude de vie dans le présent. Ils sont fatalistes. Les familles se caractérisent par des taux de divorce élevés, les mères et les enfants sont abandonnés ; elles deviennent des familles matrifocales dirigées par des femmes (Blacks Academy, 2007). Les personnes qui adoptent cette culture de la pauvreté ne participent pas à la vie communautaire ou n'adhèrent pas à des partis politiques ; elles utilisent peu les banques, les hôpitaux et autres.

Techniquement, la culture de la pauvreté est une sous-culture de personnes pauvres vivant dans des ghettos, des régions pauvres ou des contextes sociaux dans lesquels elles développent un ensemble commun de croyances, de valeurs et de normes de comportement qui diffèrent de la culture de la société principale, mais qui y sont intégrées.

Oscar Lewis a été l'un des principaux auteurs à définir la culture de la pauvreté comme un ensemble de croyances et de valeurs qui se transmettent de génération en génération. Elle a un impact sur les enfants. Bradshaw (2006:8) cite Oscar Lewis en disant : "Une fois que la culture de la pauvreté a été créée, elle a tendance à se perpétuer. Lorsque les enfants des bidonvilles ont six ou sept ans, ils ont généralement intériorisé les attitudes et les valeurs fondamentales de leur sous-culture.

Après cela, ils ne sont psychologiquement plus en mesure de profiter pleinement des conditions changeantes ou des opportunités qui peuvent se présenter au cours de leur vie".

Les cultures sont socialisées et apprises, et l'un des principes de la théorie de l'apprentissage est que ceux qui apprennent ce qui est intentionnel sont récompensés. Les partisans de la culture de la pauvreté recommandent que les programmes gouvernementaux de lutte contre la pauvreté récompensent les personnes qui manipulent la politique et restent à l'aide sociale. L'argument sous-jacent des conservateurs comme Charles Murray dans *Loosing Ground (1984)* est que l'aide sociale publique perpétue la pauvreté en permettant un cycle de "dépendance à l'aide sociale" dans lequel les familles pauvres développent et transmettent à d'autres les compétences nécessaires pour travailler avec le système plutôt que de trouver un emploi rémunéré (ibid).

Oscar Lewis estime toutefois que la culture de la pauvreté s'applique aux pays du tiers-monde ou aux pays au début de l'industrialisation, et affirme qu'elle ne prévaut pas dans les sociétés capitalistes avancées.

Il existe des opinions contraires à celle d'Oscar Lewis ci-dessus. Des sociologues comme l'Américain Michael Harrington (The Other America) affirment que la culture de la pauvreté peut également s'appliquer aux sociétés industrielles avancées. L'anthropologue américain Walter Miller argumente également dans ce sens et affirme que la sous-classe américaine a ses propres points forts, qui mettent l'accent sur la masculinité, la vie pour le présent et le bonheur plutôt que l'effort comme base de la réussite. Il considère que cette sous-culture de classe s'auto-entretient. Il affirme également qu'elle est une adaptation aux professions peu qualifiées. Par exemple, les personnes ayant cette attitude sont plus à même de tolérer un travail ennuyeux et de trouver de la satisfaction en dehors du travail.

Certains détracteurs du concept de culture de la pauvreté affirment que leurs propres études ne fournissent aucune preuve à cet égard. Par exemple, l'étude de Kenneth Little sur les communautés urbaines d'Afrique de l'Ouest montre que les pauvres participent à de nombreuses associations bénévoles. De même, l'étude de William Mangin sur les barrideas péruviens, des personnes vivant dans des bidonvilles, montre un niveau élevé d'engagement communautaire et politique, ainsi qu'un grand degré d'"entraide".

Charles et Betty Lou Valentine ont étudié les Noirs américains à faible revenu et n'ont trouvé aucune preuve d'une pauvreté de la culture ; ils ont plutôt conclu que "la résignation apathique existe, mais n'est pas du tout le thème dominant de la communauté". Madge et Brown affirment (malgré l'État providence) que "rien n'indique que les privations des pauvres, des minorités raciales ou des délinquants, pour ne citer que trois exemples, soient dues à des contraintes culturelles" (Ibid).

Une autre critique du concept de culture de la pauvreté consiste à expliquer la culture comme une réaction à des contraintes situationnelles. Lewis et Miller affirment que les attitudes exprimées par la culture de la pauvreté sont une réaction au faible revenu et au manque d'opportunités, de sorte que si ces causes étaient éliminées, la culture de la pauvreté disparaîtrait également (ibid.).

Hylan Lewis, un sociologue américain, fait remarquer qu'"il est probablement plus fructueux d'imaginer que les familles de la classe inférieure réagissent de différentes manières aux faits de leur position et de leur isolement relatif, plutôt qu'aux exigences d'une culture de classe inférieure". Les sociologues qui défendent cette thèse affirment que les pauvres partagent fondamentalement les mêmes valeurs que le reste de la société, mais que leur comportement est une réaction au désespoir qu'ils perçoivent dans la réalisation de ces idéaux (ibid.). Le "Tally's Corner" d'Elliot Liebow est une contribution importante à cette approche. Il a étudié la vie et la culture des "Street Corner Men" noirs. Il soutient que les habitudes des membres de ce groupe, comme le fait de dépenser de l'argent pour un week-end en buvant de l'alcool, sont des réactions à leur connaissance de leur situation : "Il est conscient de l'avenir et du désespoir de tout cela".

Comme il a un emploi sans avenir et un revenu insuffisant, l'homme du coin de la rue est "obligé de consacrer toutes ses ressources à se maintenir d'un moment à l'autre" (ibid.). Ces hommes veulent mener une vie de famille conventionnelle, mais leurs revenus sont trop faibles pour la soutenir. "Rester marié, c'est vivre avec ses échecs, y être confronté tous les jours. C'est vivre dans un monde dont les standards de masculinité sont à jamais inaccessibles. En réaction à cette impasse, les hommes développent une "théorie des erreurs masculines". Au lieu de mettre l'échec de leur mariage sur le compte de leur manque de revenus et de leur situation, ils préfèrent l'attribuer à leur "succès" en tant qu'hommes - leur besoin de diversité sexuelle et d'aventure, par exemple.

L'anthropologue suédois Ulf Hannerz adapte le travail de Liebow. Il argumente que la théorie des faiblesses masculines est d'abord une réaction à une situation, mais qu'elle évolue également vers une sous-culture qui se maintient. Cela signifie que "ce modèle de masculinité pourrait constituer un obstacle au changement". Ainsi, même si les forces liées à la situation étaient éliminées, il pourrait y avoir un retard culturel qui rendrait les pauvres résistants aux changements culturels.

Il ressort de la présentation ci-dessus de la culture de la pauvreté que la sous-culture adopte des valeurs qui sont improductives par rapport aux normes de réussite, ce qui perpétue la pauvreté. Toutefois, outre cette vision basée sur des croyances culturelles, cette étude examine également différentes théories sur la pauvreté élaborées par différents chercheurs afin d'identifier les raisons théoriques des causes de la pauvreté, qui sont présentées ci-dessous.

2.2.2.2. Théorie individualiste

Le sociologue du XIXe siècle Herbert Spencer rendait les pauvres responsables de la pauvreté. Il affirmait que les pauvres étaient paresseux et que ceux qui ne voulaient pas travailler ne devaient pas être nourris. Il attribuait la pauvreté à un mauvais caractère moral (Bradshaw, 2006). Il a plaidé pour que l'État intervienne le moins possible. C'est lui qui a inventé l'expression "survie du plus fort".

Alors que certains théoriciens conservateurs accusent les personnes touchées par la pauvreté d'être à l'origine de leurs problèmes et soutiennent que les pauvres auraient pu éviter leurs problèmes (et y remédier maintenant) en travaillant plus dur et en prenant de meilleures décisions, d'autres variantes de la théorie de la pauvreté individuelle attribuent la pauvreté à un manque de caractéristiques génétiques telles que l'intelligence, qui ne peuvent pas être facilement inversées.

L'attitude selon laquelle les déficits individuels sont la cause de la pauvreté prévaut encore aujourd'hui. Toutefois, cette attitude semble quelque peu s'estomper. Selon une enquête sur les attitudes menée par la Commission européenne en 1976, 43% des Britanniques accusaient la paresse d'être responsable de la pauvreté, alors qu'en 1989, ils n'étaient plus que 18%. En outre, la Grande-Bretagne était le pays où les gens attribuaient le plus facilement la pauvreté aux caractéristiques individuelles des pauvres (Ibid). Selon l'écrivain américain William Ryan, cette théorie individualiste est un exemple de "culpabilisation des victimes". Le régime de Thatcher et des conservateurs a été associé à la "nouvelle droite", qui affirmait que le système de prestations sociales créait une culture de la dépendance (Ibid).

Le sociologue David Marsland incarne cette approche en soutenant que les faibles revenus sont causés par la générosité de l'État ; en outre, les dépenses publiques de soutien au revenu détournent l'argent des investissements dans l'industrie (Ibid). Il plaide pour que les prestations ne profitent qu'à ceux qui sont "vraiment dans le besoin", comme les handicapés. Selon lui, "les détracteurs de l'aide sociale universelle ne blâment pas les pauvres, comme le prétendent les idéologues de l'État-providence. Au contraire, ils sont les principales victimes des idées fausses et des politiques destructrices qui leur sont imposées par les paternalistes, les socialistes et les membres privilégiés de la nouvelle classe professionnelle.

De l'autre côté de la médaille, Bill Jordan s'oppose à Marsland et affirme que la pauvreté est causée par un système social sous condition de ressources et trop pauvre. Le moyen de lutter contre la pauvreté consiste en une "couverture universelle qui amène chacun à un niveau acceptable (Ibid). Cela ne crée pas de dépendance, mais libère les gens de la dépendance.

En outre, la croyance selon laquelle la pauvreté est due à des déficits individuels est ancienne. Les doctrines religieuses qui assimilaient la richesse à la faveur de Dieu ont joué un rôle central dans la Réforme protestante (Weber, 2001 cité par Bradshaw, 2006), et l'on croyait que les personnes aveugles, estropiées ou malformées étaient punies par Dieu pour leurs péchés ou ceux de leurs parents.

Avec l'émergence du concept d'intelligence héréditaire au 19e siècle[th] , le mouvement eugéniste est allé jusqu'à rationaliser la pauvreté et même la stérilisation pour ceux qui avaient manifestement des capacités limitées. Rainwater (1970:16), cité dans Bradshaw (2006:6), a discuté de manière critique les théories individualistes de la pauvreté en tant que "perspective moralisatrice" et constate que les pauvres "sont marqués de la marque de Caïn. Ils sont destinés à souffrir, et doivent même souffrir, parce qu'ils ont moralement échoué. Ils vivent dans un enfer mérité sur terre".

Dean et Taylor-Gooby ont également attaqué le "mythe" de la culture de la dépendance. Outre les attaques contre le fondement théorique de cette idée, ils ont mené en 1990 des recherches basées sur des entretiens approfondis avec 85 bénéficiaires de l'aide sociale à Londres et dans le Kent. Ils ont conclu que[1] la grande majorité des demandeurs voulaient travailler ;[2] les problèmes liés au système de prestations sociales dissuadaient les gens de chercher du travail ;[3] de telles incitations négatives ne conduisaient pas à une culture de la dépendance - les gens voulaient gagner leur vie et ne voyaient l'État que comme un dernier recours (Ibid).

Bradshaw (2006) estime que les efforts de lutte contre la pauvreté au niveau individuel ont une composante sociale. Premièrement, un filet de sécurité fiable, capable d'aider les personnes qui ne pourraient pas s'en sortir autrement, est un véritable devoir civique. Deuxièmement, les handicapés, les personnes âgées, les enfants et même les malheureux font partie de toute communauté et, sans blâmer qui que ce soit, leurs besoins individuels peuvent être satisfaits par une action collective. Un filet de sécurité, sans connotations péjoratives, est une clé de la civilité.

En résumé, dans la mesure où les décideurs politiques ou les responsables de programmes s'en tiennent à la théorie de la pauvreté individuelle, il est de plus en plus douteux qu'ils adopteront une approche de développement communautaire pour résoudre la pauvreté.

Outre l'observation de la théorie individualiste, selon laquelle l'individu est responsable de sa propre pauvreté, cette étude s'est également penchée sur d'autres théories de la pauvreté afin d'obtenir une revue de littérature complète et analytique.

2.2.2.3. Théorie géographique

La pauvreté rurale, la pauvreté des ghettos, le désinvestissement urbain, la pauvreté dans le Sud, la pauvreté dans le tiers-monde et d'autres appellations du problème constituent une caractérisation spatiale de la pauvreté qui existe indépendamment d'autres théories (Bradshaw, 2006).

Alors que ces théories de la pauvreté fondées sur la géographie s'appuient sur les autres théories, celle-ci attire l'attention sur le fait que les personnes, les institutions et les cultures de certaines régions ne disposent pas des ressources objectives nécessaires pour créer de la richesse et des revenus et qu'elles n'ont pas le pouvoir d'exiger une redistribution. Shaw (1996:29) fait remarquer dans Bradshaw (2006:12) que "l'espace n'est pas un décor pour le capitalisme, mais est restructuré par lui et contribue à la survie du système. La géographie de la pauvreté est une expression spatiale du système capitaliste".

L'argument selon lequel la pauvreté est plus prononcée dans certaines régions est une observation ancienne, et la littérature sur le développement fournit de nombreuses explications sur les raisons pour lesquelles les régions ne disposent pas de la base économique nécessaire pour être compétitives. Parmi les explications les plus récentes figurent le désinvestissement, la proximité des ressources naturelles, la densité, la diffusion de l'innovation et d'autres facteurs. Weber et Jensen (2004) constatent dans Bradshaw (2006) que la littérature fait généralement état d'un "gradient rural" de pauvreté, mais que l'effet spatial n'est pas aussi clairement isolé des effets individuels qu'il le faudrait pour obtenir une conclusion fiable.

Une perspective théorique sur la concentration spatiale de la pauvreté provient de la théorie économique des agglomérations. La théorie de l'agglomération, généralement utilisée pour expliquer l'émergence de clusters industriels forts (Bradshaw, King et Wahlstrom, 1998), montre comment la proximité d'entreprises similaires attire des services et des marchés de soutien qui, à leur tour, attirent d'autres entreprises (Bradshaw, 2006).

Inversement, la présence de la pauvreté et les conditions qui y conduisent ou les conséquences de la pauvreté (criminalité et prestations sociales insuffisantes) entraînent une augmentation de la pauvreté, tandis que les zones compétitives attirent des grappes d'entreprises qui se détournent des communautés appauvries. Les prix bas des logements dans ces zones peuvent, par exemple, attirer davantage de personnes pauvres, ce qui entraîne un désinvestissement des logements par les propriétaires d'immeubles.

Dans un monde où les critères d'investissement sont "l'emplacement, l'emplacement, l'emplacement", il n'est pas déraisonnable d'observer que les investissements sont dirigés vers des quartiers, des communautés et des régions où des investissements considérables ont déjà été réalisés, tandis que les zones moins attrayantes sont laissées de côté.

Un deuxième aperçu théorique découle de la théorie du lieu central et des études "d'écologie humaine" apparentées sur la croissance urbaine, qui retracent les flux de connaissances et de capitaux. Comme le souligne Hansen (1970), cité par Bradshaw (2006), "les zones rurales sont souvent la dernière étape des technologies, et les bas salaires et les prix compétitifs dominent la production. L'absence d'infrastructures permettant le développement des ressources humaines limite l'activité économique qui pourrait exploiter ces ressources". Les régions en retard sont soumises à la plus grande concurrence en matière de restructuration de l'économie, car les emplois de ces catégories sont les plus susceptibles d'être transférés vers des pays moins développés. De plus en plus d'ouvrages considèrent que, même en période de croissance économique générale, les zones favorisées connaissent une croissance plus forte que les zones défavorisées et que, bien qu'il y ait un certain "trickle-down", il n'y a pas d'égalisation comme les économistes classiques voudraient le faire croire.

Une troisième perspective concerne l'émigration sélective. Une partie de Wilson soutient que les personnes issues des ghettos qui avaient le plus haut niveau d'éducation, les meilleures compétences, la plus grande vision du monde et les opportunités les plus vastes étaient celles qui quittaient les quartiers centraux pour d'autres endroits (ibid.). En outre, selon lui, ces personnes qui migraient étaient également les meilleurs modèles pour la communauté et souvent des leaders bourgeois. En plus des théories sur la pauvreté mentionnées ci-dessus, cette étude s'est également penchée sur la conception de l'école de pensée marxiste sur le thème de la pauvreté.

2.2.2.4. Théorie marxiste

La théorie marxiste de la pauvreté est divisée en trois arguments principaux, à savoir : *"structuralisme des conflits"*, *"marxisme et pauvreté"* et *"pauvreté et capitalisme"*.

Premièrement, dans le "conflit-structuralisme", le marxisme attribue la pauvreté à l'existence de différences de classe dans la société. La pauvreté contribue à maintenir la domination de la bourgeoisie ; elle sert les intérêts de cette classe qui détient les richesses (Blacks Academy, 2007). Bien sûr, d'autres sociologues de la "droite" sont d'un autre avis. Ils tiennent les pauvres eux-mêmes pour responsables de la persistance de la pauvreté, arguant qu'en tant qu'individus, ils sont eux-mêmes responsables de leur pauvreté ou qu'en tant que groupes, ils développent une culture de la pauvreté qui perpétue leur pauvreté. En ce sens, les marxistes sont d'accord avec la théorie individualiste et la culture de la pauvreté.

Il n'est pas nécessaire d'être marxiste pour être d'accord avec l'idée que la pauvreté trouve son origine dans la structure de la société plutôt que dans l'individu. Il est également possible d'adopter une approche interactionniste et d'argumenter que la structure de la société crée une culture de la pauvreté parmi les pauvres, qui perpétue la structure de la société, et ainsi de suite.

Deuxièmement, dans "Marxisme et pauvreté", les théoriciens marxistes ne tracent pas de frontière nette entre la classe ouvrière et les personnes défavorisées (ibid.). Ils constatent que les membres de la classe ouvrière peuvent tomber dans la pauvreté à cause du chômage. Le fait fondamental est que les pauvres font partie intégrante de la classe ouvrière - sa couche la plus pauvre et la plus défavorisée. La pauvreté est donc une affaire de classe, étroitement liée à une situation générale d'inégalité de classe (Bradshaw, 2006).

Troisièmement, dans "Pauvreté et capitalisme", les marxistes affirment que l'existence de la pauvreté est bénéfique pour la classe dirigeante. La pauvreté augmente la motivation de la classe ouvrière à travailler. Ceux qui travaillent reçoivent également des récompenses inégales pour leur travail. L'existence de bas salaires réduit les revendications salariales de la classe ouvrière dans son ensemble (Ibid)".

Les différences de salaires contribuent à la fragmentation de la classe ouvrière ; si les salaires étaient similaires, une plus grande unité et une conscience de classe unifiée pourraient être encouragées, ce qui entraînerait une menace potentielle pour la classe capitaliste. Dans cette optique, Kincaid pense "que certains sont riches parce que certains sont pauvres".

Les marxistes affirment que le système capitaliste crée la pauvreté. Herbert J. Gans a identifié une série de fonctions qui rendent la pauvreté "utile" aux capitalistes (ibid) :

    i. Des travaux limités dans le temps, sans espoir, sales, dangereux et de bas niveau sont effectués par les pauvres,

    ii. La pauvreté crée des emplois et des carrières pour les personnes issues de la classe moyenne. Gans écrit : "La pauvreté crée des emplois pour toute une série de professions et de professionnels qui servent les pauvres ou en isolent le reste de la population. "Il s'agit notamment des décideurs politiques, des agents de probation, des travailleurs sociaux, des psychiatres, des médecins et des fonctionnaires. Il existe une "industrie de la pauvreté". Ces travailleurs sont peut-être des idéalistes, mais ils ont un intérêt intrinsèque à ce que la pauvreté persiste,

    iii. Grâce aux pauvres, tous les autres se sentent mieux. "La pauvreté contribue à assurer le statut de ceux qui ne sont pas pauvres.

Après avoir examiné les perspectives théoriques sur la pauvreté mentionnées ci-dessus, il existe dans le monde actuel comme dans l'ancien monde une tendance des personnes à se déplacer de différents coins du monde vers d'autres coins ; ce phénomène est généralement reconnu comme une migration. Il est supposé que l'émigration d'une région vers une autre peut conduire à la pauvreté ou au développement dans les régions d'origine et vice versa. Compte tenu de cette hypothèse, le thème "migration et pauvreté" a été examiné et inclus dans cette étude afin d'explorer le lien entre ces deux aspects, en tenant compte du fait que les réfugiés sont des personnes qui ont migré d'une région à une autre.

2.2.3. Migration et pauvreté

Il existe un lien entre la pauvreté et la migration dans et hors des camps de réfugiés (Khawaja, 2005). La migration peut à la fois causer et être causée par la pauvreté. De même, la pauvreté peut être à la fois atténuée et aggravée par les mouvements de population (Skeldon, 2003). Il n'est pas possible de faire des généralisations simples, mais il est probable que l'impact relatif de la migration sur la pauvreté et de la pauvreté sur la migration varie en fonction du niveau de développement de la zone considérée.

La Chambre des communes (2004) décrit dans *"Migration et développement"* que la migration fonctionne mieux pour le développement lorsqu'elle est librement choisie et planifiée. Pour les migrants, il est possible de se procurer des provisions, d'organiser le voyage, de trouver un logement et peut-être un emploi à destination et de faire des plans pour rester en contact avec ceux qui sont restés. Pour les sociétés d'accueil, des plans peuvent être élaborés pour intégrer les migrants et maximiser leur contribution à la société d'accueil. Pour les personnes restées sur place, des plans peuvent être mis en place pour éviter que les communautés ne soient simplement abandonnées à cause d'un départ soudain de personnes.

Dans le cas d'une migration forcée, non planifiée et mal gérée, les migrants peuvent être exposés à l'exploitation des trafiquants et des passeurs, ne pas savoir où ils vont aller ou ce qu'ils feront une fois arrivés, et peuvent ne pas avoir été en mesure de faire des plans pour rester en contact avec ceux qui sont restés (ibid). Comme l'a dit le secrétaire d'État au développement international, Hilary Benn, à propos des femmes victimes de la traite et de l'exploitation, *"les personnes qui doivent se déplacer en raison de circonstances qui ne sont pas liées à leur propre choix personnel sont plus vulnérables et plus susceptibles d'être exploitées en ce qui concerne les conditions dans lesquelles elles vivent" (Ibid)*.

Les migrants ont de multiples motivations pour migrer, ce qui rend difficile la distinction entre les migrants économiques et les personnes qui fuient les persécutions (Ibid). Il pourrait donc y avoir une convergence avec le HCR : Si la communauté internationale veut accorder aux réfugiés la protection dont ils ont besoin, les États doivent être en mesure de faire la distinction entre les réfugiés et les autres types de migrants.

Il existe une certaine sympathie pour ces propositions. Les personnes qui ont été déplacées sans qu'il y ait eu faute de leur part méritent d'être aidées et les politiques et pratiques qui ont conduit à leur déplacement doivent être prises en compte. Toutefois, élargir la définition du terme "réfugié" ne ferait que diluer la protection accordée aux personnes fuyant les persécutions, sans engagement financier majeur.

Le fait que les migrants arrivent pour différentes raisons et que les flux de réfugiés et de migrations économiques sont imbriqués pose des problèmes considérables aux politiques, qui vont au-delà du défi de l'identification des réfugiés. Une politique qui peut être adaptée à la gestion des réfugiés peut ne pas être une réponse appropriée à la migration économique et vice versa. Comme le note le HCR, *"s'il existe des liens évidents entre les réfugiés et les mouvements migratoires, tous deux soulèvent des problèmes fondamentalement différents et appellent des réponses politiques et des mesures législatives différentes"*. En particulier, les politiques de contrôle de l'immigration - notamment les mesures visant à empêcher les migrants d'arriver jusqu'aux frontières d'un pays - peuvent rendre plus difficile pour les réfugiés de trouver un havre de paix.

La pauvreté comme cause de la migration et la migration comme conséquence de la pauvreté pourraient signifier la même chose, mais il existe des différences considérables. La migration en tant que conséquence de la pauvreté déplace l'accent sur le sentiment d'être pauvre : privation relative et non absolue (Skeldon, 2003). La migration, soit de personnes extérieures à une communauté, soit d'autochtones quittant leur communauté, crée des liens entre les lieux d'origine et de destination. La migration est donc à la fois la cause et le générateur de la pauvreté.

Il existe donc des voies par lesquelles la migration peut conduire directement à une augmentation du nombre de pauvres absolus. La migration peut donc être considérée comme un système reliant les pays d'origine et de destination, dans lequel circulent non seulement les personnes, mais aussi l'argent et les marchandises. L'inclusion de nouvelles destinations élargit la base de ressources d'un ménage et permet peut-être une utilisation plus optimale de la main-d'œuvre, car ceux qui sont sous-employés dans l'agriculture pendant les périodes de ralentissement peuvent trouver du travail dans les plantations ou en ville.

L'examen des principaux concepts et théories relatifs à la pauvreté et à la pauvreté et la migration ne constituait qu'une partie de la littérature utilisée dans cette étude. L'étude est allée plus loin en essayant d'extraire des informations pragmatiques de différentes études menées ici et là par d'autres chercheurs et en compilant une revue de littérature pertinente. Des données empiriques ont ainsi été recueillies afin de formuler la partie empirique de la littérature examinée, qui se compose de différentes sections expliquées ci-dessous.

2.3. Partie empirique
2.3.1. Causes de la pauvreté monétaire dans les camps de réfugiés
2.3.1.1. Obstacles aux activités économiques dans les camps de réfugiés

Les réfugiés manquent généralement de possibilités d'emploi et de revenus. La plupart viennent de pays en développement et leur fuite les conduit dans des pays en développement voisins où les opportunités sont rares, même pour la population du pays d'accueil, si bien qu'il est difficile pour les réfugiés de trouver un emploi (Taylor, 2006).

D'autre part, le gouvernement du pays d'accueil peut également restreindre les possibilités de travail et la liberté de mouvement des réfugiés. Les informations documentées par Chen (2005) soulignent qu'en 2005, le gouvernement tanzanien a annoncé que les Congolais devraient commencer à être rapatriés malgré l'instabilité prolongée au Congo-Kinshasa. Cependant, même avec des prévisions de rapatriement optimistes, des centaines de milliers de réfugiés resteront en Tanzanie pendant plusieurs années (Ibid).

Ces réfugiés, qui constituent l'une des plus grandes populations "stockées" au monde, ne sont pas autorisés à séjourner en dehors des camps ou à subvenir à leurs besoins économiques. Leur liberté de mouvement étant limitée, il leur est extrêmement difficile de faire du commerce, de pratiquer l'agriculture et de travailler, si bien qu'ils dépendent presque entièrement de la nourriture et de l'aide des Nations unies et d'autres organisations internationales (ibid). Dans certains camps, le gouvernement a même interdit aux réfugiés de cultiver des terres mises à leur disposition après le retour d'autres réfugiés, libérant ainsi un terrain. En les empêchant de générer des revenus, le gouvernement a mis en péril leur sécurité alimentaire, comme le montre une étude du

Programme alimentaire mondial (PAM) de juillet 2004 (Ibid).

Chen (2005) a étudié et constaté que les réfugiés qui n'ont pas le droit de quitter les camps et donc d'exercer une activité économique à Ngara, Kibondo, Kigoma, Dar es Salaam et dans d'autres villes, dépendent fortement des marchés situés à l'intérieur ou à proximité des camps, qui sont parfois ouverts au commerce avec les habitants locaux.

l'automne 2003, les autorités locales ont définitivement fermé le grand marché florissant du camp de Lukole A, qui approvisionnait plus de 50 000 réfugiés burundais *(voir annexe 6)*. Dans les camps de la région de Kibondo, les autorités locales ont interdit aux réfugiés de quitter les camps pour se rendre dans les marchés communs récemment mis en place pour favoriser les échanges commerciaux entre les locaux et les réfugiés.

Les marchés sont essentiels à la sécurité alimentaire, à la survie et à la protection des réfugiés. Les réfugiés dépendent des marchés pour tous les types de commerce, y compris pour le commerce de produits de première nécessité tels que la nourriture, les articles ménagers, les couvertures et les vêtements. Ils ont également besoin des marchés pour vendre leurs rations alimentaires et s'approvisionner en autres produits de première nécessité. En Tanzanie, les réfugiés vendent généralement jusqu'à 15 % de leurs rations. Après la fermeture du marché de Lukole A en 2003, qui occupe désormais une surface vide de plusieurs hectares, les menuisiers réfugiés, les cordonniers, les vendeurs de vêtements, les marchands de fruits et légumes et bien d'autres n'avaient plus d'autre possibilité de vendre leurs produits. L'étude du PAM de 2004 concluait que la restriction de la liberté de mouvement et la fermeture des marchés ... ont entraîné une détérioration de la situation alimentaire des ménages. Sur la base d'une enquête aléatoire menée auprès de près de 800 ménages de réfugiés dans 12 camps, l'étude a constaté que les restrictions "ont entraîné une augmentation de la fréquence et de l'ampleur" des stratégies d'adaptation néfastes, telles que la réduction des repas, l'emprunt, la vente d'articles ménagers, l'émigration ou le rapatriement (ibid).

N'ayant pas la possibilité de faire du commerce ou de générer des revenus, les réfugiés ont besoin d'une aide accrue en matière d'approvisionnement et d'entretien pour survivre. Il y a quelques années, le PAM avait prévu de réduire les rations en partant du principe que les réfugiés pourraient cultiver de petites parcelles, travailler et assurer pleinement leur alimentation en l'espace de deux ans.

En outre, les programmes conçus pour les réfugiés, et en particulier pour les femmes réfugiées, doivent tenir compte des contraintes culturelles et juridiques auxquelles elles sont confrontées (Elizera, 2004). Dans certaines cultures, les femmes ne sont pas autorisées à travailler en dehors de la maison ou avec des hommes. Dans certains camps, il n'existe pas non plus d'organisations axées sur l'octroi de crédits aux réfugiés (Ibid). Par conséquent, les réfugiés sont contraints de souffrir en permanence lorsqu'ils vivent dans des camps.

Les facteurs qui sous-tendent la pauvreté monétaire dans les camps de réfugiés sont donc manifestement multidimensionnels.

2.3.1.2. Chômage dans les camps de réfugiés

Le chômage est l'un des principaux problèmes auxquels les réfugiés sont confrontés. Sardarov (2001) est d'accord avec cette affirmation en notant que la plupart des réfugiés et des migrants forcés ne trouvent pas encore de travail et n'obtiennent pas de salaires stables en raison de l'offre insuffisante de possibilités d'emploi. Il ajoute que le manque d'emploi est la cause de l'appauvrissement extrême de presque tous les migrants forcés.

Le besoin des réfugiés d'obtenir un revenu dans les camps a souvent été négligé. Dans ce contexte, Kemmer (1999) estime dans Nabulizi (2006:17) que de nombreux réfugiés assument le rôle de pourvoyeur du ménage en raison des conflits, ce qui augmente leur besoin de sécurité financière.

Le manque de possibilités de revenus contraint les femmes et les filles réfugiées à se prostituer pour subvenir à leurs besoins et à ceux de leur famille, et les hommes à commettre des délits. Les réfugiés n'ont généralement pas le droit de travailler dans les communautés d'accueil, ce qui limite leurs possibilités (Ibid). En raison des politiques de certains pays d'accueil qui interdisent aux réfugiés d'exploiter les ressources naturelles, il n'est pas possible d'octroyer des microcrédits ni de créer de petites entreprises. La plupart des réfugiés ne peuvent donc pas entretenir de petites exploitations agricoles pour subvenir à leurs besoins. En conséquence, ils sont contraints de mener une vie très pauvre.

En outre, ils peuvent être confrontés à des obstacles supplémentaires, tels que le manque d'accès aux services d'établissement, l'aide intensive à l'emploi et la nature temporaire de leur visa, qui les empêche de se réunir avec leur famille immédiate. Taylor (2006:8) écrit qu'il existe peu de statistiques montrant l'emploi par catégorie de visa d'immigration. Il cite un exemple tiré des derniers chiffres disponibles du Bureau australien des statistiques (ABS, 1999:8), qui indiquent un taux de chômage de 15,8 pour cent pour le demandeur principal et de 26,8 pour cent pour son partenaire en novembre 1999, comparé à un taux de chômage de 6,7 pour la population générale.

En résumé, les réfugiés sont très vulnérables au chômage de longue durée dans les pays d'accueil. Même s'ils ont un emploi, ils ne peuvent pas vivre de ce qu'ils reçoivent. Cela a pour conséquence qu'ils mènent peu à peu une vie pauvre et misérable. Ils sont très exposés au chômage de longue durée.

2.3.1.3. Réfugiés et sous-paiement

Bien que les réfugiés puissent trouver ce que l'on appelle des emplois dans les camps de réfugiés, le salaire qu'ils reçoivent ne leur permet pas de subvenir à leurs besoins. Williams & Batrouney (1998) affirment que les réfugiés ont un taux de chômage plus élevé, un revenu plus faible et un niveau professionnel plus bas que les autres immigrants. Le manque de connaissances linguistiques, le fait qu'ils soient arrivés récemment, le manque de compétences nécessaires et la non-transférabilité des qualifications, ainsi que le racisme et la xénophobie, constituent tous des obstacles à l'emploi (ibid.).

Les bas salaires contribuent considérablement à la pauvreté des revenus des réfugiés (Taylor, 2006). Lorsqu'ils trouvent un travail, celui-ci est souvent mal payé, pour des raisons similaires à celles du chômage élevé (niveau de langue, attente de la reconnaissance des qualifications, impossibilité d'acquérir une expérience professionnelle sur place). Dans les zones rurales, cela inclut les travaux saisonniers comme la cueillette des fruits. Les demandeurs d'asile qui n'ont pas de droits officiels au travail peuvent être exploités par des employeurs peu scrupuleux.

Par conséquent, les expériences particulières des réfugiés peuvent constituer des obstacles supplémentaires, comme le manque de préparation au départ, l'expérience de la torture ou du traumatisme, l'interruption de l'éducation dans les camps de réfugiés, le deuil et la perte de proches, ainsi que les problèmes psychologiques.

2.3.2. Réfugiés, pauvreté monétaire et exclusion sociale
2.3.2.1. Réfugiés et pauvreté monétaire

Bien que le terme de pauvreté soit controversé, nous nous référons dans cette étude à la pauvreté dans le sens de ressources insuffisantes, principalement le revenu, pour garantir un niveau de vie décent. Taylor (2004) affirme que dans les sociétés africaines, comme dans d'autres sociétés, un faible revenu est un indicateur clé de la pauvreté.

Dans une société où la majeure partie des revenus provient d'un travail rémunéré et où le système de sécurité sociale est considéré comme un "filet de sécurité", le chômage et les bas salaires sont étroitement liés à la pauvreté, tout comme la question de l'éligibilité et de l'adéquation des prestations de sécurité sociale ou d'aide sociale (ibid). En plus de leurs faibles revenus, de nombreux réfugiés sont confrontés à des dépenses élevées, qu'il s'agisse des frais d'installation, de parrainage ou d'aide à autrui.

La majorité des réfugiés sont pauvres en termes de revenus et de patrimoine (Peter, 2007). Ils sont confrontés à bon nombre des mêmes problèmes quotidiens que les autres personnes vivant dans la pauvreté, mais avec un soubassement de leur expérience pré-migratoire et une superposition de dépenses supplémentaires et de politiques qui excluent un sous-groupe d'entre eux du soutien au revenu et de l'aide à l'emploi.

Taylor (2004) ajoute que les contributions à l'enquête sur la pauvreté du Sénat en 2003 ont souligné les points suivants comme étant des questions importantes liées à la pauvreté pour les réfugiés et les migrants :

i. *Absence d'accès aux prestations ou aux services pour les demandeurs d'asile,*

ii. *les problèmes rencontrés par les titulaires de TPV (Temporary Protection Visa), notamment la pauvreté due aux difficultés à trouver un emploi sans avoir accès aux services (y compris le manque d'accès à la New Start Allowance, aux programmes linguistiques et aux programmes de placement)*

iii. *Le risque de chômage de longue durée pour les migrants et les réfugiés.*

Alors que pour certains réfugiés, la pauvreté dans leur pays d'origine peut avoir fait partie de leur vie, d'autres viennent de milieux éduqués et économiquement confortables. Pour beaucoup, le fait de devenir un réfugié est définitivement lié à la pauvreté, car ils laissent derrière eux leur emploi, leur famille et leurs amis et font l'expérience de l'incertitude dans les camps de réfugiés et du coût de la réinstallation.

Des études plus larges sur la pauvreté dans différentes parties du continent africain à la fin de 2001 et au début de 2005 ont révélé des taux plus élevés de pauvreté monétaire chez les personnes d'origine non anglophone par rapport à la population générale. Jonathan (2006) a découvert et confirmé que les taux de pauvreté monétaire variaient considérablement en fonction du lieu de naissance, avec des taux élevés constatés à la fois dans certains groupes de réfugiés et de migrants. Les taux de pauvreté étaient généralement élevés dans la population réfugiée, en particulier chez les nouveaux arrivants.

Plusieurs études menées au début de l'année 2006 ont révélé que les réfugiés sont les immigrés les plus défavorisés dans les pays secondaires (pays d'asile) et les pays tiers (pays de réinstallation) comme l'Australie, le Canada et les États-Unis, et qu'ils tombent sans aucun doute sous le seuil de pauvreté (Peter, 2007). Une étude menée par Sardarov (2001) montre que le revenu mensuel moyen par migrant forcé est de 39.000 manats, soit neuf (9) dollars américains. Des études portant sur des communautés comptant un grand nombre de réfugiés, comme les Indochinois et certains groupes africains, ont révélé des niveaux élevés de chômage et de recours aux prestations sociales (Williams et Batrouney, 1998).

Le tableau 2.3.2.1(a) illustre l'ampleur du faible revenu pour les personnes issues des principaux pays d'origine des réfugiés en 2001. Il montre que le faible revenu en Australie est en partie lié au pays de naissance. Les personnes nées à l'étranger dans les principaux pays anglophones de naissance ont en moyenne un revenu plus élevé que les personnes nées en Australie, tandis que les personnes nées dans des pays non anglophones ont en moyenne un revenu plus faible. Ce groupe comprend à la fois les migrants et les réfugiés.

Cependant, les personnes originaires de pays ayant récemment accueilli un grand nombre de réfugiés ont des revenus très faibles : Par exemple, le revenu hebdomadaire moyen des personnes nées en Somalie était de 258 $, soit seulement 53 % du revenu hebdomadaire moyen de l'ensemble de la population (484 $).

Tableau 2.3.2.1(a) : Revenu individuel hebdomadaire par pays de naissance

Country of birth	Average weekly income in US Dollars	Percent of average weekly income for total population in US dollars
Main birth place groups		
Australia	491	101.4
Other main English speaking countries (US, UK, NZ, Ireland, South Africa)	549	113.4
Other (most non-English speaking)	420	86.8
Selected birthplaces with high numbers of refugees		
Sudan	345	71.3
Somalia	258	53.3
Iraq	307	64.4
Afghanistan	290	59.9
Total population	484	100.0

Source: ABS Census (2001) cited in Taylor (2004)

Outre les informations susmentionnées, la littérature indique que les schémas d'emploi et de chômage observés dans différentes enquêtes indiquent également une privation chronique. Des informations récentes du Jerusalem Media and Communication Centre (JMCC) montrent que la pauvreté chronique règne dans les camps de réfugiés. Le JMCC (2004) souligne que, selon les données disponibles pour 1996-1998, les habitants des camps de réfugiés sont généralement plus pauvres que les habitants des villages et des villes. En Cisjordanie, où les habitants des camps représentent environ 6 % de la population, 19 % des habitants des camps de réfugiés vivaient en dessous du seuil de pauvreté en 1998, année relativement prospère, contre 16,5 % des villageois et 10,4 % des citadins. Le niveau de pauvreté profonde était également plus élevé dans les camps de réfugiés.

Selon la même source, les réfugiés de certains camps de réfugiés font partie des plus pauvres parmi les pauvres, en particulier les ménages dirigés par des femmes (surtout les veuves, les femmes séparées et les femmes négligées) ou les ménages dont le chef est âgé, handicapé ou atteint d'une maladie chronique. Ces ménages peuvent vivre grâce à l'aide spéciale de l'UNRWA (Office de secours et de travaux des Nations unies) ou du MSA (ministère des affaires sociales). Dans l'échantillon du camp de Jénine issu de l'enquête de 1999 de l'Institute of Women's Studies (IWS), 20 % des personnes interrogées ont déclaré recevoir une aide sociale formelle du MSA, de l'UNRWA ou d'ONG, contre seulement 2 % environ dans la ville de Jénine, qui est elle-même un environnement relativement pauvre. Dans les données du recensement, le camp de Jénine était également plus pauvre que la ville voisine, en termes de possession de biens de consommation (Ibid).

On peut en déduire que la littérature mentionne la pauvreté, en particulier la pauvreté des revenus, comme cause de la misère dans les camps de réfugiés. Ce phénomène fascine pourtant les chercheurs humanitaires et les activistes.

En outre, les chercheurs sur la pauvreté s'accordent à dire qu'il existe une relation entre la "pauvreté" et l'"exclusion sociale" ; cela signifie qu'une personne considérée comme pauvre risque d'être marginalisée, discriminée et considérée comme appartenant à une classe inférieure. C'est sans aucun doute pour cette raison que la littérature sur les réfugiés et l'exclusion sociale a été incluse dans la littérature d'étude, car les réfugiés sont manifestement victimes de la pauvreté.

2.3.2.2. Réfugiés et exclusion sociale

Dans la plupart des communautés, les réfugiés, les pauvres, les handicapés et les personnes âgées ont souvent été marginalisés et exclus de divers événements et services (Taylor, 2004). L'exclusion sociale étant l'un des effets de la pauvreté, elle est considérée comme une situation dans laquelle une personne n'est pas autorisée à participer à quelque chose, à entrer dans un lieu ou à se distinguer des autres membres de la communauté parce qu'il lui manque certaines conditions nécessaires pour remplir certaines stratégies de vie.

D'un point de vue économique, une personne pauvre est quelqu'un qui doit travailler très dur pour maintenir son niveau quotidien, mais qui survit quand même. Ou si quelqu'un est un étranger et n'a pas de réseau social, pas de parents, est plutôt nouveau dans le pays, il est considéré comme pauvre (Johnson, 2000 cité dans Taylor, 2004).

Dans le cadre de cette étude, nous avons également recherché de la littérature sur le thème "Réfugiés, pauvreté et exclusion sociale". Alors que la relation entre la pauvreté et l'exclusion sociale peut être conceptualisée de multiples façons, la pauvreté peut être considérée, aux fins de cette étude, comme un aspect clé de l'exclusion sociale. Bien que la pauvreté soit un aspect clé de l'exclusion sociale, il existe un certain nombre d'autres dimensions qui sont pertinentes pour l'examen de la situation des réfugiés. Taylor (2004) souligne que certains aspects de l'exclusion sociale auxquels les réfugiés sont confrontés ne sont généralement pas vécus par le reste de la communauté - ce qui signifie que la pauvreté et l'exclusion sociale sont des phénomènes alarmants dans les communautés de réfugiés.

L'étude de Taylor sur la société australienne nous permet de dégager un certain nombre de dimensions pour envisager la situation des réfugiés :

Le premier aspect est l'exclusion physique de l'Australie et de la société australienne, souvent au nom de la "protection des frontières". Certains réfugiés demandeurs d'asile ont été physiquement expulsés à leur entrée en Australie, d'autres ont été détenus, parfois pendant des années, dans des camps d'internement dans des régions éloignées. Le gouvernement fédéral, sous l'égide du Refugee Council of Australia (RCOA), a fait valoir que les personnes exclues n'étaient pas des réfugiés légitimes. Cependant, étant donné qu'environ 90 % des personnes arrivées par bateau sans autorisation entre 1999 et 2002 ont ensuite été reconnues comme des réfugiés (RCOA, 2003), cet argument ne semble pas valable (Taylor, 2004).

D'autres dimensions de l'exclusion sociale des réfugiés sont l'absence de citoyenneté, la méconnaissance de la langue du pays d'accueil et l'expérience du racisme et de la discrimination. Une autre dimension est l'exclusion des droits liés à certaines catégories de visas pour les réfugiés et les demandeurs d'asile. Ceux-ci interdisent ou limitent non seulement l'accès à l'emploi, aux services de santé, au logement, à l'éducation et à l'aide au revenu, mais aussi aux services d'établissement et même au regroupement familial (Ibid).

White (2004) opérationnalise le concept d'exclusion sociale en ce qui concerne les réfugiés et les demandeurs d'asile en Australie et au Royaume-Uni, en utilisant le modèle de Burchardt des dimensions de l'exclusion sociale : consommation (sécurité sociale, logement, santé et aide à l'installation), production (emploi, formation et qualification professionnelle et éducation), engagement politique et interaction sociale (regroupement familial, barrières culturelles et linguistiques, harcèlement et victimisation, géographie et voyages).

Une littérature plus détaillée sur les réfugiés et la pauvreté montre que la pauvreté et le pays d'accueil véhiculent une image de préoccupation pour les réfugiés qui fuient un environnement pauvre (ibid.). Cependant, Taylor (2004) constate également que l'expérience de la pauvreté des réfugiés sur le continent africain n'a guère été mise en avant récemment, à l'exception de quelques matériaux pertinents dans la littérature plus large sur l'immigration. Taylor recommande donc de poursuivre les recherches.

Il est donc important de tirer les leçons de notre expérience actuelle avec les réfugiés afin de pouvoir réagir de manière appropriée à l'avenir. Il est évident que les réfugiés sont soumis à des indicateurs standards d'exclusion sociale, tels que le manque de participation à l'emploi, à l'éducation et aux réseaux sociaux, ce qui établit un lien de causalité avec la pauvreté. Les réseaux sociaux devraient être examinés de plus près en tant qu'aspect de la complexité de l'inclusion ou de l'exclusion. Par exemple, un groupe de réfugiés peut former une communauté très soudée qui n'a que peu de contacts sociaux avec la société d'accueil au sens large.

2.3.3. Effets généraux de la pauvreté

Selon les chercheurs et les activistes, le problème de la pauvreté a un certain nombre d'effets négatifs sur les membres de la société. Nabulizi (2006) a documenté le fait que les réfugiés souffrent dans une large mesure d'une série de problèmes tant qu'ils vivent dans des camps de réfugiés, qui ont également des répercussions à long terme. Dans ce contexte, la pauvreté est citée comme l'une des principales causes des problèmes auxquels ils sont confrontés. Au regard de cette évaluation, le "Family Stress Model"

(Conger et al., 2000) suggère que l'expérience de la pauvreté est l'un des principaux facteurs susceptibles de peser lourdement sur les relations entre les conjoints, d'engendrer des sentiments de dépression et de renforcer le dysfonctionnement familial.

Selon le "Family Stress Model", la pauvreté familiale contribue à la détresse émotionnelle (par exemple, la dépression) et au dysfonctionnement familial. La détresse familiale provoque des problèmes dans les relations entre adultes, qui sont à leur tour liés à une éducation moins efficace - un concept complexe qui inclut une surveillance insuffisante, un manque de contrôle sur le comportement de l'enfant, un manque de chaleur et de soutien, l'incohérence et l'agressivité ou l'hostilité de la part des parents ou des frères et sœurs plus âgés (ibid).

Toutefois, cette section traite des effets de la pauvreté en mettant l'accent sur la productivité, le développement cognitif et l'éducation des enfants, l'environnement physique et l'interaction familiale.

La productivité est l'un des domaines qui peut être affecté par la pauvreté. La productivité est le domaine de la qualité de vie familiale associé à la participation et à la contribution à des activités quotidiennes utiles et agréables (Ahmed, 2005). La productivité est caractérisée par des indicateurs tels que les capacités, les compétences, le succès, les opportunités, la participation et la vision dans les domaines de l'école, de la vie professionnelle, des loisirs, du développement personnel et des réalisations.

La pauvreté a un impact sur la productivité en termes de développement cognitif et de scolarisation des enfants, ainsi que sur les loisirs et le repos de la famille. La pauvreté a un impact sur le développement cognitif et la scolarisation des enfants lorsqu'elle limite l'apprentissage des enfants (McClelland, 2000). Les familles pauvres ne peuvent pas payer une garde d'enfants de qualité ou des jouets et des livres stimulants pendant la petite enfance ; elles ne peuvent pas non plus se permettre d'acheter des fournitures scolaires, des activités extrascolaires stimulantes comme les scouts ou les camps de toile ou des cours de musique privés (Ibid). Si les enfants sont handicapés et vivent en outre dans la pauvreté, les effets de la pauvreté peuvent être encore plus marqués.

Plus encore, la pauvreté a également un impact important sur l'éducation des enfants vivant dans des familles pauvres. La pauvreté familiale et un faible statut socio-économique sont systématiquement associés à de moins bons résultats scolaires et à de faibles taux de rétention scolaire (Ahmed, 2005). Les jeunes issus de milieux socio-économiques abandonnent l'école plus tôt. Ceux qui obtiennent de mauvais résultats à l'école sont plus susceptibles d'être au chômage, hors du marché du travail ou d'avoir un emploi à temps partiel (McClelland, 2000). Dans les milieux extrêmement pauvres, les parents amènent volontiers leurs enfants sur le marché du travail, ce qui les expose à de nombreux risques tels que les abus sexuels et physiques.

La pauvreté limite également les possibilités pour les membres de la famille de jouer, de faire du sport et de participer à des activités de loisirs utiles (Sherman, 1994). Le coût des équipements sportifs, des frais et des uniformes pour l'apprentissage des activités de loisirs et la recherche de suffisamment de temps pour participer à des activités de loisirs en famille sont hors de portée des familles pauvres. Même les installations gratuites telles que les parcs sont moins utilisées par les familles à faible revenu. Lorsque la pauvreté limite les choix des familles en matière de loisirs et de temps libre, des habitudes à risque et malsaines telles que le tabagisme et la forte consommation d'alcool peuvent remplacer le surplus de temps non structuré (Ibid).

La pauvreté peut également avoir un impact sur l'environnement physique des familles de réfugiés. Ce domaine comprend les facteurs humains liés à la vie familiale (par exemple, les voisins, la culture communautaire) ainsi que les facteurs physiques (Ahmed, 2005). Les indicateurs de ce domaine comprennent l'espace, la sécurité et l'ordre dans le logement, sur le lieu de travail, à l'école et dans la communauté.

De même, la pauvreté a un impact sur l'environnement du quartier. Goliath (2008) affirme que le fait que les familles pauvres n'ont souvent pas les moyens d'acheter une maison adéquate signifie que ces familles n'ont guère le choix de vivre dans un quartier adéquat. Comparés aux enfants de familles non pauvres, les enfants de familles pauvres sont plus susceptibles d'être exclus des services de garde d'enfants de qualité, des meilleures écoles, des aires de jeux plus sûres et des modèles adultes positifs (ibid.). De même, les familles pauvres sont plus préoccupées par la criminalité, la violence et la drogue que les familles non pauvres, et sont plus gênées par le bruit et les odeurs.

L'interaction familiale se caractérise par les composantes émotionnelles, relationnelles et "invisibles" de la vie familiale. Les indicateurs incluent les routines familiales, les relations entre les membres de la famille, les rôles, le climat émotionnel, la communication et le comportement/la discipline.

Les parents réfugiés économiquement défavorisés luttent pour la survie de leur famille. Ils ne sont souvent pas en mesure de prêter attention à l'importance des soins parentaux. C'est pourquoi les enfants des familles pauvres manquent généralement les leçons de développement personnel dans leur première institution d'apprentissage - la famille.

2.3.4. Microfinance dans les camps de réfugiés

Au cours de la dernière décennie, il y a eu un débat continu sur la manière de créer un cadre conceptuel qui combine les différentes priorités de l'aide humanitaire et le maintien d'un niveau de vie adéquat, même dans des circonstances exceptionnelles comme dans un camp de réfugiés (Cavaglieri, 2005). La diversité de l'aide supplémentaire apportée dans les situations d'urgence pour les réfugiés est souvent limitée à la conception actuelle de l'aide, généralement divisée en programmes de développement et d'urgence.

Le travail du HCR dans les villes (comme dans d'autres zones) repose sur l'engagement de renforcer le statut social et économique des réfugiés, notamment par l'éducation, la formation professionnelle, l'aide aux moyens de subsistance et les initiatives visant à renforcer l'autonomie (HCR, 2009:8). Bien que cela puisse être difficile dans des situations où les réfugiés sont formellement exclus du marché du travail et ne sont pas autorisés à exercer des activités génératrices de revenus, le HCR, en collaboration avec les autorités, fait tout son possible pour s'assurer que les réfugiés urbains aient accès à de telles opportunités (ibid). Bakewell (2002) souligne que ces dernières années, de nombreuses tentatives intéressantes ont été faites par des organisations internationales, le HCR en tête, pour utiliser une partie de leurs ressources limitées en priorité pour promouvoir l'autosuffisance et la productivité, au lieu de se concentrer presque exclusivement sur la survie à court terme des réfugiés, comme c'était le cas auparavant.

Dans les années 1990, les programmes de microfinancement ont joué un rôle de plus en plus important dans la promotion de l'autonomie économique des réfugiés, et de nombreuses organisations humanitaires ont tenté de revoir leurs politiques afin d'assurer une transition efficace entre l'aide d'urgence et le développement à plus long terme (Cavaglieri, 2005). Les programmes de microfinancement visent à créer des moyens de subsistance durables, à revitaliser l'économie locale et à stimuler l'économie des ménages afin de créer les moyens d'un développement ultérieur. Les programmes de subventions, dans lesquels les intrants tels que l'argent liquide, les biens d'équipement et les matières premières sont fournis gratuitement, sont les plus répandus (Ibid). Une approche moins répandue, parfois combinée à des subventions, est basée sur la microfinance, dans le cadre de laquelle une ligne de crédit ou un prêt est mis à la disposition des bénéficiaires pour créer de petites entreprises. De nombreux praticiens affirment que les prêts sont de meilleures formes d'aide que les subventions, parce qu'ils brisent le "cycle de dépendance" associé à l'aide humanitaire en encourageant une gestion responsable des ressources et parce que le remboursement des prêts permet d'augmenter le nombre de futurs clients.

La littérature récente sur la microfinance met notamment en évidence deux problèmes distincts qui affectent les projets dans les contextes de réfugiés :

i. La plupart des projets ne s'adressent pas aux plus démunis ; les clients les plus susceptibles de bénéficier de la microfinance sont ceux qui possèdent déjà un savoir-faire entrepreneurial et souvent suffisamment de ressources pour subvenir à leurs besoins ;

ii. De nombreux réfugiés hésitent à créer une entreprise dans le pays d'accueil parce qu'ils pensent ou espèrent rentrer chez eux le plus tôt possible

(Cavaglieri, 2005).

Bien que l'utilité de la microfinance dans les situations d'après-conflit soit largement reconnue, les faits mentionnés ci-dessus montrent qu'il existe plusieurs problèmes qui peuvent affecter les projets de microfinance dans des contextes de réfugiés. De même, la mise en œuvre de projets dans les camps de réfugiés peut être beaucoup plus difficile. L'environnement peut également limiter la production financière et donc les performances.

2.4. Conclusion

Du point de vue de la littérature examinée, ce chapitre affirme de manière lapidaire qu'une fois que les réfugiés sont touchés par la pauvreté, ils peuvent facilement la transmettre à la génération suivante. Plusieurs causes de pauvreté ont été identifiées, comme l'individu, dont les insuffisances sont considérées comme une cause de pauvreté. L'affirmation suivante affirme qu'en raison d'une certaine unité géographique, une communauté, des institutions et des cultures ne disposent pas des ressources objectives nécessaires pour créer de la richesse et des revenus et ne sont donc pas en mesure d'exiger une redistribution. L'école de pensée marxiste, quant à elle, attribue la pauvreté à l'existence de différences de classe dans la société, la pauvreté contribuant à maintenir la domination de la bourgeoisie et la classe ouvrière pouvant se retrouver dans la pauvreté à cause du chômage et des bas salaires. La littérature a montré que les réfugiés sont indubitablement touchés par la pauvreté monétaire, qui va de pair avec un taux de chômage élevé, des salaires bas et des prestations de sécurité sociale limitées.

2.5. Analyse des lacunes dans les connaissances

La littérature consultée nous a appris que de nombreuses études ont été menées en dehors de la zone dans laquelle cette étude a été réalisée. Cependant, la plupart des études antérieures, menées par d'autres chercheurs, se sont concentrées sur les causes de la pauvreté et de l'insuffisance de revenus dans les environnements de réfugiés et ont uniquement montré que les réfugiés vivant dans des lieux de refuge connaissent l'insuffisance de revenus. Dans les études précédentes, les causes de la pauvreté monétaire comprenaient notamment : le manque de possibilités d'emploi et de revenus, les restrictions à la liberté de circulation et aux possibilités de travail imposées par le pays d'accueil, la sous-rémunération, l'exclusion sociale et d'autres facteurs similaires. Les effets dans le cadre du modèle de stress familial n'ont été que peu abordés, et ce n'est pas l'objet de la présente étude.

En outre, si nos chercheurs précédents ont mis en évidence les causes de la pauvreté monétaire dans les camps de réfugiés, ils n'ont rien dit sur ce qui se passe à la suite de cette pauvreté monétaire ou sur l'impact de ce phénomène sur les stratégies de subsistance des ménages de réfugiés dans les camps respectifs. A cet égard, il n'y a aucune information sur l'existence d'études qui ont examiné les "effets de la pauvreté monétaire sur les stratégies de subsistance des ménages de réfugiés, précisément dans le camp de réfugiés de Nyarugusu". De plus, la plupart des études antérieures ont été menées en dehors de ce camp, ce qui signifie que la pauvreté monétaire n'a pas encore été étudiée à Nyarugusu.Ipso facto, cette étude s'est concentrée sur l'examen de "l'impact de la pauvreté monétaire sur les stratégies de subsistance des ménages de réfugiés dans le camp de réfugiés de Nyarugusu", une zone où ce phénomène n'avait pas encore été étudié.

CHAPITRE 3

MÉTHODOLOGIE DE RECHERCHE

3.1. Aperçu

Ce chapitre présente différentes étapes que le chercheur a suivies pour étudier le problème de recherche, ainsi que la logique qui les sous-tend. Pour l'essentiel, ce chapitre examine et présente la conception de la recherche, la description du domaine d'étude et de la population, la base de sondage, la taille de l'échantillon, les procédures d'échantillonnage, les types et les sources de données, les méthodes de collecte de données, le cadre conceptuel, la présentation et l'analyse des données, ainsi qu'une brève explication finale.

3.2. Conception de la recherche

Kothari (2004:31) définit un design de recherche comme "l'agencement des conditions de collecte et d'analyse des données de manière à combiner la pertinence pour l'objectif de la recherche et l'économie de la procédure". Il s'agit de la structure conceptuelle au sein de laquelle la recherche est menée ; elle représente la conception de la collecte, de la mesure et de l'analyse des données (Ibid).La fonction d'un design de recherche est d'établir un plan pour collecter des données importantes avec le moins de temps, d'efforts et d'argent possible.

Toutefois, pour la présente étude, un design transversal a été choisi. Ce type de design de recherche permet au chercheur d'étudier une partie de la population à un moment unique (Kothari, 2004:4). La raison du choix de ce design de recherche était la limitation dans le temps, c'est-à-dire que l'étude n'a pas été répétée, mais que les données ont été collectées une seule fois à un moment donné.

3.3. Description de la zone d'étude et de la population

Cette étude a été menée dans le camp de réfugiés de Nyarugusu, situé dans le district de Kasulu, à 65 kilomètres de la ville de Kasulu, dans la région de Kigoma, au nord-ouest de la Tanzanie. Le camp a été officiellement ouvert en janvier 1997 (Nyarugusu

Camp Management, 2009) et accueille des réfugiés congolais qui ont fui le plus grand pays d'Afrique centrale (RDC) en raison de la guerre qui a suivi la prise de pouvoir du président Mobutu par Mzee Laurent Desire Kabila.

Fin septembre 2008, le camp de Nyarugusu abritait 49 521 réfugiés congolais (ministère de l'Intérieur, 2008). Ce nombre a toutefois augmenté par la suite suite suite à l'accueil de réfugiés congolais du camp de Lugufu, transférés à Nyarugusu dans le cadre de la consolidation du camp. Au moment de cette enquête, le camp devrait accueillir un total de 60 000 réfugiés congolais (Mgwabati, 2009). Selon une estimation officielle, ce camp abriterait environ 10 550 ménages (UNHCR, 2009).

Il existe actuellement deux camps dans la région de Kigoma : Nyarugusu (pour les Congolais) et Mtabila (pour les Burundais). Le tableau 3.2(a) indique le nombre total de réfugiés hébergés dans les deux camps de la région de Kigoma au moment de la collecte des données.

Tableau 3.3(a) : Statistiques des réfugiés hébergés dans la région de Kigoma en 2010

District	Camp	Nationality	Population
Kasulu	Nyarugusu	Congolese	60,000
Kasulu	Mtabila	Burundians	20,700
Total population (Congolese and Burundians)			80,700

Source: UNHCR, 2009

Le choix de Nyarugusu a été motivé par le fait que ce camp accueille un nombre considérable de réfugiés par rapport aux autres camps du nord-ouest de la Tanzanie. En outre, il n'existe aucune information sur une enquête sur la pauvreté monétaire menée dans le camp de réfugiés sélectionné. Tout aussi important, les données disponibles indiquent que la population réfugiée dans cette zone est victime d'un certain nombre de problèmes, dont la pauvreté monétaire.

3.4. Cadre d'échantillonnage

La base de sondage consiste en une liste d'éléments à partir desquels un échantillon doit être tiré (Kothari, 2004:153). Cette étude a été menée dans le camp de réfugiés de Nyarugusu, dans le district de Kasulu, dans la région de Kigoma. Ainsi, la base de sondage comprenait tous les ménages de réfugiés vivant dans le camp de Nyarugusu.

3.5. Taille de l'échantillon

Cette étude a porté sur un échantillon de cent (100) personnes interrogées. Il était composé de soixante-quinze (75) hommes et femmes chefs de ménage, quinze (15) informateurs clés du camp directement impliqués dans la prestation de services sociaux aux réfugiés et dix (10) fonctionnaires occupant différents postes dans des organisations gouvernementales et non gouvernementales qui s'occupent des réfugiés dans le camp de Nyarugusu. Parmi les fonctionnaires, quatre (4) ont été sélectionnés par des organisations humanitaires travaillant dans le camp de réfugiés de Nyarugusu, notamment : UNHCR et World Vision Tanzania, trois (3) étaient des fonctionnaires gouvernementaux travaillant dans le camp de réfugiés et les trois (3) autres étaient des responsables du camp issus de la communauté des réfugiés. Le tableau 3.5(a) donne un aperçu de la distribution de la taille de l'échantillon.

Respondents	Number
Heads of households	75
Key informants	15
Officials	10
Total	100

Source: Author's construct

Tableau 3.5(a) : Distribution de la taille de l'échantillon

3.6. Techniques d'échantillonnage

3.6.1. Procédure d'échantillonnage aléatoire

Shaughnessy et al. (2000), cités par Adam et Kamuzora (2008:139), affirment que la procédure d'échantillonnage aléatoire implique la sélection des répondants principalement sur la base de leur disponibilité et de leur volonté de répondre.

La méthode a donc été orientée vers les chefs de ménage réfugiés. La raison principale de l'inclusion d'un élément dans l'échantillon était sa facilité d'accès. Dans le cadre de cette approche, soixante-quinze (75) chefs de ménage de réfugiés ont été sélectionnés pour constituer l'échantillon.

3.6.2. Procédure d'échantillonnage ciblé

Adam et Kamuzora (2008:138) affirment que la décision d'inclure ou d'exclure tel élément ou tel sujet de l'échantillon repose sur le jugement et l'intuition du chercheur. Le chercheur ne sélectionne que les éléments dont il pense qu'ils peuvent fournir les données nécessaires. Le principal critère d'inclusion d'un élément dans l'échantillon est donc la possession d'une expertise ou d'une expérience en rapport avec le problème à étudier (ibid.).

Cette méthode d'échantillonnage a permis de cibler quinze (15) informateurs clés, qui sont des employés d'organisations travaillant dans le camp et qui sont censés avoir une expertise ou une expérience du problème de la "pauvreté monétaire dans le camp de réfugiés de Nyarugusu".

En outre, dans le cadre de cette procédure d'échantillonnage, dix (10) fonctionnaires, qui étaient des chefs de camp et des employés d'organisations humanitaires travaillant dans le camp de Nyarugusu, ont été spécifiquement sélectionnés pour constituer l'échantillon. Le chercheur a délibérément inclus ou exclu certains éléments de l'échantillon.

3.7. Types et sources de données

3.7.1. Sources de données primaires

Les données primaires sont des données qui sont nouvellement et pour la première fois collectées et qui ont donc un caractère original (Kothari, 2004:95).

Le chercheur a recueilli ces données directement auprès des personnes interrogées en utilisant des questionnaires, des entretiens et des discussions de groupe.

3.7.2. Sources de données secondaires

Les données secondaires sont des données qui proviennent de sources bibliographiques ou qui ont été collectées par d'autres personnes à d'autres fins (Adam et Kamuzora, 2008:138). D'autre part, il s'agit de données qui sont déjà passées par le processus statistique.

Le chercheur a recueilli ces données à partir de matériel documenté tel que des livres, des rapports et des archives électroniques sous forme de sites web.

3.8. Méthodes de collecte des données

Kothari (2004:95) conseille au chercheur de garder à l'esprit deux types de données lorsqu'il décide des méthodes de collecte de données à utiliser pour l'étude, à savoir les données primaires et secondaires. Les outils de collecte de données seront donc choisis en fonction du type de données que le chercheur souhaite recueillir.

Pour collecter les données nécessaires à cette étude, le chercheur a utilisé des questionnaires, des entretiens et des discussions de groupe focalisées pour la collecte de données primaires et des méthodes documentaires pour la collecte de données secondaires.

Dans le cadre de cette étude, des données quantitatives ont été collectées et complétées par des données qualitatives.

3.8.1. Questionnaire

Les questionnaires ont d'abord été pré-testés par un petit nombre de répondants, puis distribués par le chercheur aux répondants afin de recueillir des données auprès des chefs de ménage des réfugiés et des informateurs clés. Les questionnaires ont donc été remplis en autogestion. Ils ont été formulés en anglais et traduits en swahili afin de les rendre compréhensibles pour les répondants.

Ils ont été distribués pour recueillir des données quantitatives auprès de soixante (60) chefs de ménage et de quinze (15) informateurs clés.

3.8.2. Interview

L'entretien a été conçu de manière à permettre aux personnes interrogées d'exprimer librement leur point de vue sur le problème étudié. Le but de l'utilisation de cette méthode était de compléter la méthode de collecte de données par questionnaire afin d'obtenir les données qualitatives qui n'ont pas été collectées par questionnaire.L'entretien mené était semi-structuré, c'est-à-dire que certaines questions et certains thèmes étaient définis à l'avance. D'autres questions sont apparues au cours de l'entretien, de sorte que la méthode semblait informelle et conversationnelle, mais soigneusement contrôlée et structurée.L'entretien a été utilisé pour recueillir des données auprès de répondants qui n'avaient pas le temps de remplir des questionnaires, mais qui pouvaient s'exprimer oralement. Cette méthode a permis d'interroger huit (8) chefs de ménage de réfugiés et dix (10) fonctionnaires, supposés disposer de suffisamment d'informations et être en mesure de les fournir pour l'étude.

3.8.3. Discussion de groupe ciblée

La discussion de groupe focalisée (DGF) consistait à discuter en détail du sujet de l'étude avec un petit groupe dont les membres avaient des expériences et des caractéristiques communes. Les chefs de ménage de réfugiés de la zone d'étude ont été organisés par la chercheuse en un petit groupe dans lequel un espace leur a été réservé pour exprimer leurs points de vue sur le sujet étudié.Compte tenu des inconvénients de la méthode du questionnaire pour la collecte de données, la FGD a été utilisée pour recouper les informations qui n'ont pas pu être obtenues par les questionnaires et les entretiens. Elle a été réalisée avec des répondants qui n'avaient pas participé aux interviews et aux questionnaires. En fait, un groupe de sept (7) chefs de ménage a été sélectionné comme discutants pour constituer l'échantillon de l'étude (voir annexe 8). Le tableau 3.8.3(a) résume la distribution de la taille de l'échantillon selon les méthodes de collecte de données utilisées dans l'étude.

Tableau 3.8.3(a) : Répartition de la taille de l'échantillon par méthode de collecte de données

Methods	Number of Heads of households	Number of Key informants	Number of officials
Questionnaire	60	15	-
Interview	08	-	10
FGD	07	-	-
Total	75	15	10

Source: Author's construct

3.8.4. Rétrospective documentaire

Dans cette méthode, le chercheur devait vérifier si les données collectées étaient fiables, appropriées et adéquates. Cette méthode a aidé le chercheur à obtenir des informations de soutien qui ont complété les données primaires et à comprendre l'ampleur du problème dans le passé et comment il s'est aggravé récemment. Des ONG telles que : World Vision Tanzania et le HCR, ainsi que des informations électroniques ont été consultées.

3.9 Cadre conceptuel

Figure 3.9(a) : Cadre conceptuel

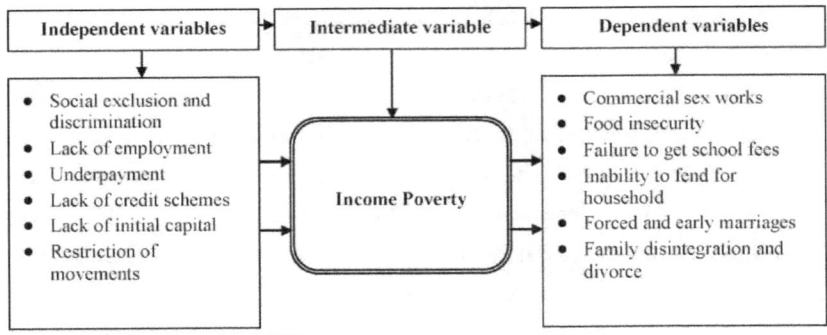

Source: Author's construct, Feb.2010

Le cadre conceptuel de cette étude articule les variables comme suit :

Les variables d'arrière-plan : Il s'agit de variables qui expliquent les caractéristiques du ménage.

Il s'agit notamment de : le sexe, l'éducation et la taille du ménage.

Les variables indépendantes : Il s'agit de facteurs qui contribuent au résultat. Il s'agit notamment du manque d'emploi, de l'impossibilité de mettre en place des activités génératrices de revenus, de l'absence de systèmes de crédit et de tout autre facteur susceptible d'influencer la détresse économique. Ils constituent l'aspect de "l'influence du changement" parmi les ménages de réfugiés.

Les variables intermédiaires : Elles se situent entre la cause et le résultat. Elles existent en tant que résultat des variables indépendantes et causent les variables dépendantes. Dans cette étude, elle est constituée par la pauvreté monétaire.

Les variables dépendantes : Elles sont les résultats ou les résultats de variables indépendantes. Elles dépendent de la pauvreté monétaire et comprennent donc : l'insécurité alimentaire et l'incapacité à subvenir à ses besoins, le travail du sexe à des fins commerciales, les mariages forcés et précoces, l'éclatement de la famille et le divorce.

3.10. Présentation et analyse des données

Une fois que le questionnaire ou d'autres instruments de mesure ont été utilisés, la masse des données brutes collectées doit être systématiquement organisée de manière à faciliter l'analyse (Mugenda et Mugenda, 1999:115). Afin de faciliter la lecture des données issues des questionnaires, des entretiens et des sources documentaires, les résultats ont été extraits et présentés pour répondre aux questions de recherche.

Avant la présentation, les données collectées ont été traitées en les éditant, en les classant et en les saisissant dans un ordinateur afin de faciliter la tabulation et d'en tirer des conclusions pertinentes. Les données ont été présentées sous forme de colonnes et de camemberts, avec indication des fréquences et des pourcentages, à l'aide de l'assistant de création de graphiques de Microsoft Excel et du système d'édition de tableaux Word.

CHAPITRE 4 PRÉSENTATION ET DISCUSSION DES RÉSULTATS

4.1. Aperçu

La présente étude a été menée afin d'examiner l'impact de la pauvreté monétaire sur les stratégies de subsistance des ménages de réfugiés, avec un accent particulier sur le camp de Nyarugusu. Pour ce faire, des données ont été collectées auprès de trois catégories de répondants : Chefs de ménages de réfugiés, informateurs clés et fonctionnaires. Au total, 100 personnes ont été interrogées, dont 60 chefs de ménage et 15 informateurs clés qui ont rempli des questionnaires.

La présentation et la discussion des résultats de l'étude reposent sur les quatre questions de recherche spécifiques suivantes :

    i. Déterminer dans quelle mesure la pauvreté monétaire affecte les stratégies de subsistance des ménages de réfugiés dans le camp de Nyarugusu ;

    ii. Identifier et évaluer les efforts déployés pour lutter contre la pauvreté monétaire ;

    iii. Identifier les obstacles auxquels sont confrontés les ménages de réfugiés dans la lutte contre la pauvreté monétaire ;

    iv. Élaborer des recommandations d'études appropriées sur la base des résultats des études pour les ONG, le gouvernement du pays d'accueil et les ménages de réfugiés.

Tout d'abord, l'étude présente les caractéristiques démographiques des personnes interrogées, comme on peut le voir dans la section suivante.

4.2. Caractéristiques démographiques et socio-économiques des personnes interrogées

4.2.1. Sexe

Dans la phase initiale, le chercheur était très intéressé par la distinction des caractéristiques des répondants, à commencer par l'aspect du sexe. L'examen de cet aspect était basé sur l'hypothèse qu'il aiderait le chercheur, et pas seulement celui-ci, mais aussi d'autres lecteurs également à d'autres lecteurs, de savoir dans quelle mesure la prise en compte du genre était importante dans cette étude. De même, cet aspect aiderait le chercheur à déterminer, puis à généraliser, si la plupart des ménages du camp de Nyarugusu sont matrifocaux ou patriarcaux. Dans ce cas, les résultats relatifs à cet aspect ont été présentés dans le tableau 4.2.1(a).

Sex	Heads of households		Key informants	
	Frequency	Percentage (%)	Frequency	Percent
Male	38	63	11	73
Female	22	37	04	27
Total	60	100	15	100

Source: Field data, 2010

Tableau 4.2.1(a) : Répartition des répondants par sexe

Les données du tableau 4.2.1(a) montrent que 38 (63%) des chefs de ménage interrogés étaient des hommes et que 22 (37%) des chefs de ménage interrogés étaient des femmes. Du côté des informateurs clés, 11 (73 %) des personnes interrogées étaient des hommes et 4 (27 %) des femmes.Les informations présentées ci-dessus montrent donc que dans cette étude, le nombre d'hommes dépassait celui des femmes, ce qui signifie que la plupart des ménages du camp de Nyarugusu étaient dirigés par des hommes.

4.2.2. Éducation

Cette étude a également accordé une grande importance à l'aspect de l'éducation dans l'analyse de l'impact de la pauvreté monétaire sur les stratégies de subsistance des ménages de réfugiés. Cela s'explique par le fait que l'on part toujours du principe que plus les personnes ont un niveau d'éducation élevé, plus elles ont de chances de sortir de la pauvreté monétaire, et inversement. Cela signifierait qu'un grand nombre de personnes hautement éduquées dans le camp de Nyarugusu sont des personnes capables de gérer et de lutter contre les problèmes liés au revenu. La figure 4.2.2(a) présente les résultats relatifs à cet aspect.

Figure 4.2.2(a) : Répartition du niveau d'éducation des répondants

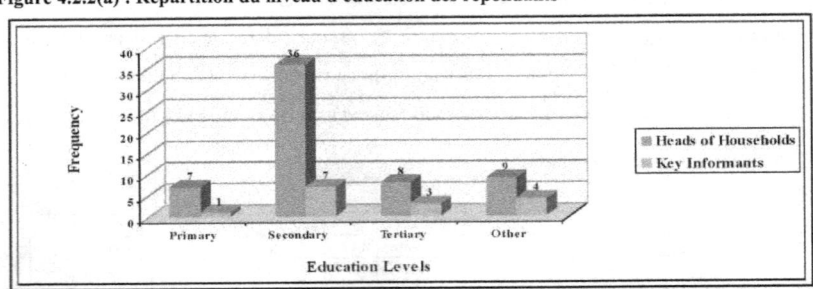

Source: Field data, 2010

En ce qui concerne les chefs de ménage interrogés, les résultats présentés dans la figure 4.2.2(a) montrent que le groupe le plus important de 36 (60%) répondants avait un niveau d'éducation secondaire, 9 (15%) répondants avaient un autre niveau d'éducation (formation professionnelle), 8 (13%) répondants avaient un niveau d'éducation supérieur et le dernier groupe 7 (12%) répondants avaient un niveau d'éducation inférieur à l'enseignement secondaire, c'est-à-dire. Pour les informateurs clés, les résultats montrent que 7 (46%) des 15 répondants (100%) avaient un niveau d'études secondaires, 4 (27%) un autre niveau d'études, c'est-à-dire une formation professionnelle, 3 (20%) un niveau d'études supérieures et 1 (7%) un niveau d'études inférieur au secondaire.

On peut donc en déduire que la plupart des habitants du camp de réfugiés de Nyarugusu ont fréquenté l'école secondaire et que très peu d'entre eux ont reçu une éducation primaire, tandis que quelques-uns ont reçu une éducation supérieure.

4.2.3. Taille des ménages

La question de la taille du ménage a été prise en compte dans cette étude, car il a été considéré que le nombre de personnes dans un ménage devait être connu avant de pouvoir classer un ménage comme pauvre ou non pauvre, même si ce n'était pas l'objectif principal de l'étude si le revenu du ménage devait être mesuré.

Afin de trouver des réponses à la question de recherche susmentionnée, plusieurs questions ont été posées aux personnes interrogées dans des questionnaires. Tout d'abord, il leur a été demandé d'indiquer le domaine auquel appartenaient les membres de leur ménage/la taille de leur ménage. Les réponses des répondants ont ensuite été indiquées comme indiqué dans le tableau 4.2.3(a).

Household size	Heads of households		Key informants	
	Frequency	Percentage (%)	Frequency	Percent
1 – 3	13	22	04	27
4 – 6	27	45	07	46
7 – 9	11	18	02	13
10 – 13	05	08	01	07
14 and above	04	07	01	07
Total	60	100	15	100

Source: Field data. 2010

Tableau 4.2.3(a) : Répartition de la taille des ménages des personnes interrogées

Les données du tableau 4.2.3(a) montrent que parmi les ménages gérés par les chefs de ménage des répondants, 13 (22%) avaient des ménages de 1 à 3 personnes, 27 (45%) des ménages de 4 à 6 personnes et 11 (18%) des ménages de 7 à 9 personnes. En outre, 5 (8 %) ménages comptaient de 10 à 13 personnes et 4 (7 %) répondants avaient des ménages de 14 personnes ou plus.

Du côté des informateurs clés, 7 (46 %) avaient des ménages de 4 à 6 personnes, 4 (27 %) répondants ont déclaré que leur ménage comptait entre 1 et 3 personnes, 2 (13 %) répondants avaient des ménages de 7 à 9 personnes. 1 (7 %) avait un ménage de 10 à 13 personnes et le dernier (7 %) avait un ménage de 14 personnes ou plus.

Les faits montrent que dans le camp de réfugiés de Nyarugusu, le nombre de ménages de 4 à 6 personnes est supérieur à toute autre taille de famille.

Après les caractéristiques démographiques, le chercheur a examiné l'impact de la pauvreté sur les stratégies de subsistance des ménages de réfugiés. Pour y parvenir, l'étude s'est penchée sur différentes questions de recherche :

4.3. la mesure dans laquelle la pauvreté monétaire affecte les stratégies de subsistance

C'est avec cette question de recherche que l'étude a commencé à examiner l'emploi des ménages du camp de Nyarugusu comme moyen de générer des revenus et de lutter contre la pauvreté monétaire. L'hypothèse est que si les gens ont des professions bien rémunérées, la pauvreté de revenu peut être comprise comme n'ayant qu'un impact minimal sur les stratégies de vie de la population étudiée, et vice versa. Par conséquent, la profession des personnes interrogées était essentielle pour le caractère de cette étude. Les résultats relatifs à cet aspect sont présentés dans la figure 4.3(a).

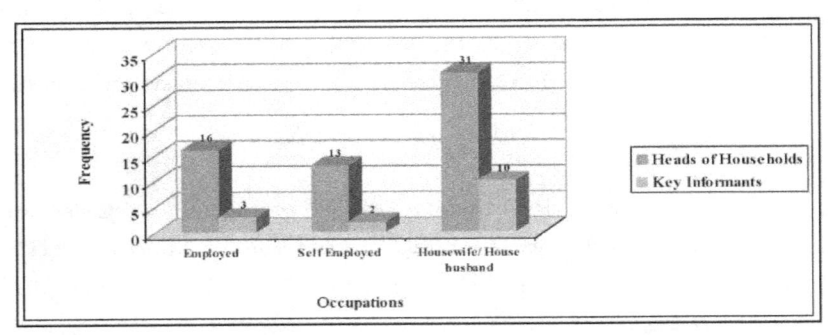

Source: Field data, 2010

Figure 4.3(a) : Répartition des professions des répondants

Les informations présentées dans la figure 4.3(a) montrent que 31 (52 %) des chefs de ménage interrogés étaient des femmes ou des hommes au foyer, et que 16 (27 %) avaient un emploi. Ce groupe comprend également les personnes qui gèrent des petites entreprises et des microprojets dans le camp. Les informations indiquent également que 13 (21 %) des personnes interrogées étaient des travailleurs indépendants.

Du côté des informateurs clés, 10 (67%) des personnes interrogées étaient des femmes/hommes au foyer et 3 (20%) des personnes interrogées étaient employées. Cependant, 2 (13%) des répondants étaient des travailleurs indépendants.L'information fournie par un fonctionnaire pendant l'enquête a confirmé qu'un très grand nombre de personnes ayant atteint l'âge de travailler vivent dans le camp sans aucune activité rémunérée.

> *"Les réfugiés vivant dans les camps se battent pour trouver du travail, mais leurs compétences ne sont pas utilisées correctement. Seule une très petite partie de la population a un emploi, et ce avec un fort sous-salaire",* a déclaré le fonctionnaire lors de l'entretien.

D'autres informations fournies par un homme interrogé montrent que, malgré le fait que seule une très petite partie des réfugiés soit employée dans les camps respectifs, les réfugiés dits actifs sont confrontés à une forte sous-rémunération. Pour une famille de réfugiés, quelle que soit la taille du ménage, il est très difficile de survivre avec un revenu de 24.000 Tsh, soit 22US$, par mois.

> *"Je suis enseignant en école primaire ici, dans le camp. Mon paiement mensuel est de 24 000 Tsh (22 US $). Imaginez, je suis un père de cinq enfants ; comment puis-je vivre avec cette famille, même si je reçois de la farine de maïs. La rémunération que nous recevons est faible par rapport au travail que nous effectuons. Lorsque j'ai été embauché, mon premier salaire a été retenu pour la simple raison que j'avais travaillé quinze jours le premier mois. C'est pourtant une pratique courante dans ce camp.*

On peut donc en déduire que le nombre de chefs de ménage au chômage dans le camp de Nyarugusu, dont font partie les femmes et les hommes au foyer, est plus élevé que celui des personnes actives et des travailleurs indépendants, de sorte que la pauvreté des revenus pèse sur la vie de la majorité de la population. Malgré l'emploi et la faible rémunération, la situation semble être encore pire, puisqu'un réfugié ne peut pas posséder de patrimoine ou réaliser un investissement en raison de la pauvreté des revenus dans le camp. Les réfugiés exercent des activités professionnelles, mais celles-ci sont mal rémunérées. Parmi les postes occupés par les réfugiés, on trouve notamment des enseignants, des infirmières, des travailleurs communautaires, des employés de bureau et des agents de nettoyage.

Avec la même question de recherche, le chercheur a tenté d'examiner la distribution des revenus des ménages dans le camp de Nyarugusu. Le revenu des ménages a été examiné dans cette étude, car il a été supposé qu'il s'agissait d'un objet fondamental si l'on voulait mesurer dans quelle mesure la pauvreté monétaire affecte les stratégies de subsistance des ménages de réfugiés. Plus le revenu du ménage est faible, plus on considère que le ménage subit les conséquences de la pauvreté monétaire et inversement. Pour le savoir, nous avons demandé aux chefs de ménage d'indiquer le revenu mensuel de leur ménage. Leurs réponses à cette question sont présentées dans le tableau 4.3(a).

Income levels in Tanzanian shillings	Frequency	Percent
Below 20,000	24	40
20,000 – 30,000	31	52
31,000 – 50,000	02	03
51,000 – 80,000	02	03
81,000 – 100,000	01	02
Above 100,000	00	00
Total	60	100

Source: Field data, 2010

Tableau 4.3(a) : répartition mensuelle des revenus des ménages

Les informations présentées dans le tableau 4.3(a) montrent que sur les 60 (100%) chefs de ménage interrogés par questionnaire, 31 (52%) ménages avaient un revenu mensuel compris entre 20.000 et 30.000 shillings tanzaniens (Tsh), 24 (40%) ménages étaient en dessous de 20.000 Tsh, 2 (3%) ménages avaient un revenu mensuel compris entre 31.000 et 50.000 Tsh, 2 (3%) autres avaient un revenu mensuel compris entre 51.000 et 80.000 Tsh. Le dernier ménage, 1 (2%), avait un revenu mensuel compris entre 81.000 et zéro (00%) Les ménages avaient un revenu mensuel supérieur à 100.000 Tsh.

En complément des informations susmentionnées, un collaborateur tanzanien dont l'identité n'a pas été révélée et qui a été interrogé en tant que répondant officiel a expliqué les faits :

> *"Le personnel du camp de réfugiés de Nyarugusu est si mal payé que même une seule personne dans un ménage ne peut pas en vivre. Ce n'est un secret pour personne qu'une personne comme un coordinateur de l'éducation reçoit un salaire mensuel de 29.000 Tshs (22US$)". "Ce n'est pas un salaire, mais une très maigre motivation. En fait, la plupart des travailleurs employés pour les réfugiés reçoivent moins que ce montant par mois", a-t-il* ajouté.

Sur la base des informations ci-dessus, on peut déduire que la situation des revenus des réfugiés dans le camp de Nyarugusu était très mauvaise, ce qui montre clairement que la population réfugiée se dirige probablement vers un avenir de désolation. Il a été demandé aux personnes interrogées si la pauvreté des revenus avait un impact sur leurs stratégies de subsistance. Leurs réponses ont été compilées et présentées dans le tableau 4.3(b).

Tableau 4.3(b) : Réponses à la question de savoir si la pauvreté monétaire affecte les stratégies

Respondents' answers	Heads of households		Key informants	
	Frequency	Percentage (%)	Frequency	Percentage (%)
Yes	60	100	15	100
No	00	00	00	00
Total	60	100	15	100

Source: Field data. 2010

de subsistance

Les informations présentées dans le tableau 4.3(b) montrent que 60 (100 %) chefs de ménage étaient d'accord pour dire que la pauvreté monétaire affecte leurs stratégies de subsistance. Aucun répondant n'a exprimé une opinion contraire. La même présentation montre que 15 (100 %) des informateurs clés étaient d'accord pour dire que la pauvreté monétaire affecte les stratégies de subsistance des ménages réfugiés à Nyarugusu.

De la même manière, il a été demandé aux chefs de ménage et aux informateurs clés interrogés d'indiquer dans quelle mesure la pauvreté monétaire affecte les stratégies de subsistance des ménages réfugiés dans le camp de Nyarugusu, lorsque la pauvreté monétaire affecte leurs stratégies de subsistance. Leurs réponses ont été données comme indiqué dans la figure 4.3(b).

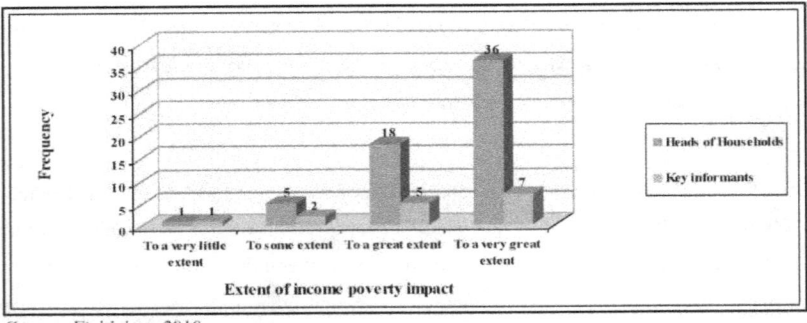

Figure 4.3(b) : Degré d'influence de la pauvreté monétaire sur les stratégies de subsistance des ménages de réfugiés

Le graphique 4.3(b) montre que 36 (60 %) des chefs de ménage interrogés sont d'accord pour dire que la pauvreté monétaire affecte très fortement leurs stratégies de subsistance, 18 (30 %) sont d'accord pour dire qu'elle affecte fortement, 5 (8 %) disent qu'elle affecte quelque peu et 1 (2 %) chef de ménage dit que le problème n'a que très peu d'impact sur les stratégies de subsistance des ménages de réfugiés.

Sur les 15 (100 %) répondants, 7 (47 %) ont indiqué que la pauvreté monétaire affectait fortement les stratégies de subsistance des ménages de réfugiés, 5 (33 %) ont indiqué qu'elle affectait fortement, 2 (13 %) ont indiqué qu'elle affectait quelque peu et un seul répondant (7 %) a indiqué qu'elle affectait très peu.

En outre, les informations recueillies lors des entretiens confirment que la situation de pauvreté monétaire dans le camp de Nyarugusu était si terrible qu'on s'attendait à ce qu'elle s'aggrave. Une femme interrogée a déclaré lors d'une interview

"Pendant les huit années de mon séjour à Nyarugusu, j'ai mené une vie très misérable. Je n'ai jamais eu de travail pour gagner un revenu. J'ai terminé la sixième année et je suis mère de deux enfants. Mon mari est mort à la guerre et je suis le chef de famille. Je souffre d'une grave pauvreté de revenus et je n'ai pas d'argent pour acheter de la nourriture supplémentaire pour mes enfants. Je vis avec un seul repas par jour".

En outre, les informations fournies par une personne interrogée montrent que les réfugiés vivant en Tanzanie souffrent d'un niveau élevé de pauvreté monétaire par rapport à ceux qui vivent dans des camps dans des pays comme le Kenya, le Mozambique et d'autres pays.

"J'ai vécu pendant quatre ans dans un camp de réfugiés au Mozambique. Il y a très peu de plaintes de détresse économique et de manque de revenus parmi la population réfugiée, comparé à ce camp de Nyarugusu, où les gens ne sont même pas en mesure d'acheter de la nourriture supplémentaire. Ici, aucun réfugié ne possède de moto. Ils ne peuvent pas posséder d'actifs de valeur", a-t-il déclaré.

Sur la base des faits mentionnés ci-dessus, il est donc possible de confirmer sans aucun doute que la pauvreté des revenus influence les stratégies de subsistance des ménages de réfugiés dans le camp de Nyarugusu. Si les réfugiés ne parviennent pas à joindre les deux bouts, leurs stratégies de vie seront probablement mises à mal et ils n'auront aucune perspective d'avenir.

Il a également été demandé aux chefs de ménage interrogés de citer des indicateurs classiques démontrant l'impact de la pauvreté monétaire sur les stratégies de subsistance des ménages réfugiés du camp de Nyarugusu. Leurs réponses ont été données comme indiqué dans la figure 4.3(c).

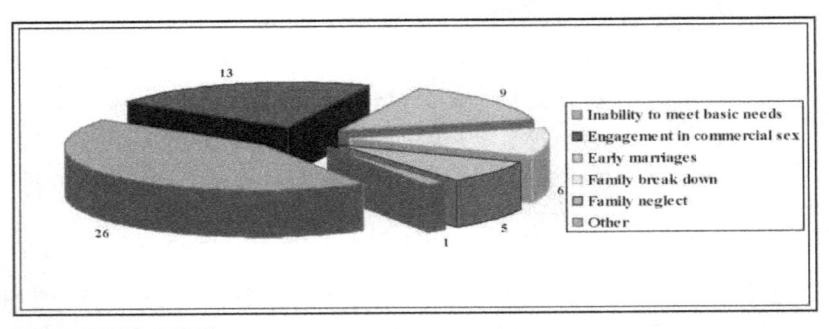

Figure 4.3(c) : Indicateurs de l'impact de la pauvreté monétaire dans le camp de Nyarugusu

La figure 4.3(c) montre que sur les 60 (100 %) chefs de ménage de réfugiés interrogés, 26 (43 %) ont indiqué que l'incapacité à satisfaire les besoins de base était un indicateur de l'impact de la pauvreté monétaire dans le camp de Nyarugusu, et 13 (22 %) l'ont signalé, que le travail du sexe à des fins commerciales était un indicateur de l'impact de la pauvreté de revenu, 9 (15 %) ont indiqué que le mariage précoce était un indicateur de la pauvreté de revenu et 6 (10 %) étaient d'accord pour dire que l'effondrement de la famille était un indicateur. En outre, 5 (8 %) des répondants ont indiqué que la négligence de la famille était l'indicateur de l'impact de la pauvreté de revenu et 1 (2 %) des répondants a indiqué qu'il existait d'autres indicateurs.En outre, il a été indiqué que certains chefs de famille forçaient leurs enfants à se marier tôt et à abandonner l'école, tandis que d'autres quittaient leur famille (émigration illégale) et s'installaient ailleurs à la recherche de retombées économiques.Le graphique 4.3(d) illustre les cas de pauvreté monétaire signalés par le HCR en 2009 dans les ménages du camp de Nyarugusu.

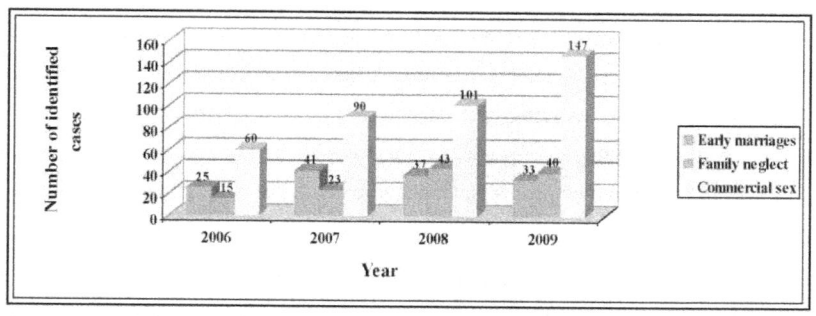

Source: Adopted from UNHCR, 2009

Figure 4.3(d) : Cas identifiés en raison de la pauvreté monétaire à Nyarugusu

En outre, un membre du HCR interrogé en tant que répondant officiel a expliqué que le travail du sexe à des fins commerciales est souvent pratiqué par des femmes seules qui ont perdu leur mari et secrètement par des femmes mariées afin de résoudre leurs problèmes économiques. Il n'est pas sûr pour elles de retourner dans leur pays, mais la vie dans le camp est également un défi. Les faits montrent également que, bien que les travailleuses du sexe commerciales reçoivent des rations alimentaires tous les quinze jours, elles signalent qu'elles ne sont pas suffisantes. Comme l'a dit Jeanne dans l'interview :

> *"Je suis une mère célibataire. Je reste avec mes cinq enfants. Je n'ai pas de travail et personne ne peut m'aider avec de l'argent pour envoyer mes enfants à l'école ou acheter de la nourriture supplémentaire pour eux, la seule alternative est le travail du sexe commercial. Je dois vendre ce que j'ai"*, a déclaré Jeanne, une femme seule qui a participé à l'enquête.

En outre, les travailleuses du sexe commerciales ont déclaré que la pauvreté des revenus les obligeait à exercer leur métier.

> *"Je n'ai pas choisi d'être une travailleuse du sexe commerciale. Si je peux gagner un revenu qui me permet de satisfaire mes enfants et mes besoins, pourquoi devrais-je continuer à être stigmatisée par mes collègues de la communauté pour leur avoir pris leurs maris ? "*, a-t-elle demandé.

Il ressort des faits mentionnés ci-dessus que la pauvreté monétaire à Nyarugusu est incontrôlée et a de graves répercussions sur différents aspects des réfugiés. Il ressort de ces informations que les réfugiés sont confrontés à une grave pauvreté de revenus qui affecte fortement leurs stratégies de vie. La gravité de ce problème a entraîné une série d'autres problèmes qui empêchent les réfugiés de faire des projets pour leur avenir.

4.4 Identifier et évaluer les mesures de lutte contre la pauvreté monétaire Pour atteindre l'objectif principal de la présente étude, le chercheur est allé plus loin en essayant "d'identifier et d'évaluer les mesures de lutte contre la pauvreté monétaire". Dans ce contexte, il a d'abord été demandé aux personnes interrogées si elles avaient déjà fait des efforts pour lutter contre la pauvreté monétaire depuis qu'elles vivaient dans le camp de Nyarugusu. Les réponses à cette question sont présentées dans le graphique 4.4(a).

Figure 4.4(a) : Réponses des chefs de ménage à la question de savoir s'ils ont fait des efforts pour

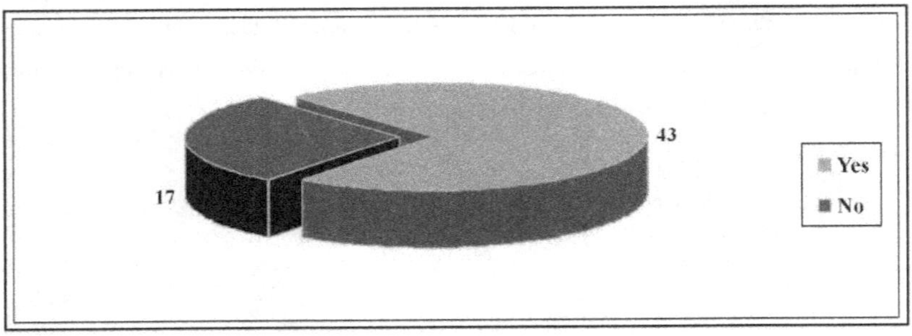

lutter contre la pauvreté monétaire.

Le graphique 4.4(a) montre que 43 (72 %) des chefs de ménage interrogés étaient d'accord pour dire qu'ils avaient fait des efforts pour lutter contre la pauvreté monétaire lorsqu'ils vivaient dans le camp de réfugiés de Nyarugusu. Cependant, 17 (28 %) n'étaient pas d'accord pour dire qu'ils n'avaient jamais fait d'efforts.

Il a été demandé aux informateurs clés si leurs organisations avaient déjà fait quelque chose pour aider les réfugiés à lutter contre la pauvreté monétaire. Un résumé de leurs réponses est présenté dans le graphique 4.4(b).

Figure 4.4(b) : Réponses des informateurs clés concernant les efforts des organisations pour aider

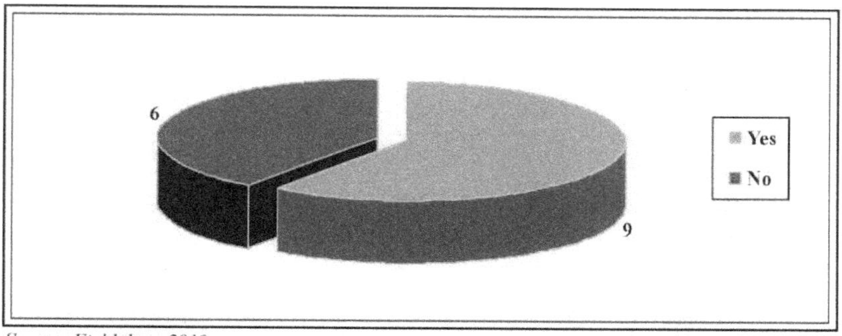

Source: Field data, 2010

les réfugiés à lutter contre la pauvreté monétaire

Les informations présentées dans le graphique 4.4(b) montrent que 9 (60 %) des informateurs clés étaient d'accord pour dire que les organisations avec lesquelles ils travaillaient avaient déjà fait des efforts pour lutter contre la pauvreté monétaire tant qu'ils s'occupaient de réfugiés dans le camp de Nyarugusu, tandis que 6 (40 %) autres pensaient que leurs organisations n'avaient jamais rien fait.

Les figures 4.4(a) et 4.4(b) montrent que les réfugiés ont été fortement impliqués dans la lutte contre la pauvreté monétaire, avec un soutien moindre de la part de leurs organisations d'encadrement dans les camps. Afin d'identifier les différents efforts déployés pour lutter contre la pauvreté monétaire, les répondants qui ont affirmé avoir déjà fait des efforts pour lutter contre la pauvreté monétaire ont été invités à citer les différents efforts qu'ils avaient déployés pour lutter contre la pauvreté monétaire. Les 43 (72 %) chefs de ménage et les

8 (53 %) informateurs clés qui ont répondu positivement ont cité les efforts qu'ils avaient entrepris pour lutter contre la pauvreté, comme indiqué dans le tableau 4.4(a) et le tableau 4.4(b).

1.	To initiate income generating activities (IGA)
2.	To exchange food / barter system
3.	Looking for employment in humanitarian organisations
4.	Cultivating home gardens
5.	Poultry
6.	Selling vegetables and fruits
7.	Initiating self help groups
8.	Usury

Source: Field data, 2010

Tableau 4.4(a) : efforts des ménages réfugiés pour lutter contre la pauvreté monétaire

Tableau 4.4(b) : efforts organisationnels pour aider les réfugiés à lutter contre la pauvreté

1.	Mobilise the community to initiate income generating activities
2.	Mobilise the community to create self help groups
3.	Train the community on entrepreneurial skills and computer
4.	Mobilise the community to cultivate home gardens
5.	Materially support refugee income generating activities
6.	Provide seeds for people to cultivate home gardens

Source: Field data, 2010

monétaire

Les tableaux 4.4(a) et 4.4(b) montrent que tant les réfugiés que les organisations humanitaires et les organisations à base communautaire (CBO) ont fait des efforts considérables pour lutter contre la pauvreté monétaire dans le camp de Nyarugusu. Ces organisations comprenaient des organisations humanitaires comme le HCR, World Vision Tanzania (WVT) et d'autres CBO comme le Center for Youth Development and Adult Education (CELA), Quaker, pour n'en citer que quelques-unes. Les informations recueillies par le biais d'entretiens ont montré que tant que les réfugiés étaient dans le camp, ils avaient fait un certain nombre d'efforts pour atténuer le mal de la pauvreté, sans succès. Il s'agissait notamment d'un large éventail de petites entreprises dans différents secteurs, y compris le lancement d'activités génératrices de revenus telles que la couture, la boulangerie, la vente de lait, la fabrication de savon, l'usure (prêt d'argent à des personnes qui doivent payer des intérêts), la vente de cartes de téléphone portable, le commerce de rations alimentaires et d'articles non alimentaires distribués par les organisations humanitaires, les petits restaurants et les bars, petits commerces, vente de légumes et de petits poissons (voir annexe 7). La figure 4.4(c) illustre également ces efforts.

Figure 4.4(c) : Petites boutiques au bord de la route dans le camp de Nyarugusu

Source: Field data, 2010

En outre, ils participaient au transport de marchandises et de personnes à bicyclette, aux services de réparation (bicyclettes, voitures, radios), aux services de coiffure, aux services de téléphonie mobile et à l'enseignement des langues. Les activités productives comprennent la menuiserie et la fabrication de meubles, la forge et la soudure, la fabrication de briques, la fabrication de paniers et la réparation de chaussures.

Malgré les efforts importants déployés par les ménages réfugiés et les organisations pour les mobiliser et les soutenir, tels qu'ils ont été décrits ci-dessus, les informations recueillies lors des discussions de groupe indiquent que la pauvreté de revenu continue de déterminer la vie d'un certain nombre de réfugiés. Les discutants de la session du FGD ont soutenu

> *"En tant que réfugiés, nous avons fait un certain nombre d'efforts, avec très peu de succès. Nous avons des projets qui ne sont pas productifs. Nous n'avons pas de capital de départ, et ceux qui font des efforts n'avancent pas. "*

D'autres informations tirées des entretiens montrent que, malgré les efforts des organisations et de la communauté, il n'y a eu ni progrès ni changement positif dans les conditions de vie des réfugiés. Comme l'a expliqué Mme Francine, une personne interrogée officiellement :

> *"Des organisations ont essayé de mobiliser et, dans une certaine mesure, de former des réfugiés pour qu'ils créent des groupes d'entraide par l'intermédiaire d'agents de terrain - sans succès".*

Il ressort donc clairement des faits mentionnés ci-dessus que les réfugiés ont fait un certain nombre d'efforts pour assurer leur subsistance. Cependant, le soutien des organisations a été faible. D'autre part, les 17 (28 %) chefs de ménage ayant répondu par la négative dans la figure 4.4(a) ont été priés d'indiquer les raisons pour lesquelles ils n'ont pas fait d'efforts pour lutter contre la pauvreté monétaire des ménages. Leurs raisons sont résumées dans la figure 4.4(d).

Figure 4.4(d) : Raisons invoquées par certains ménages pour ne pas prendre de mesures

Les résultats de la recherche présentés dans la figure 4.3(d) montrent que 9 (53%) des

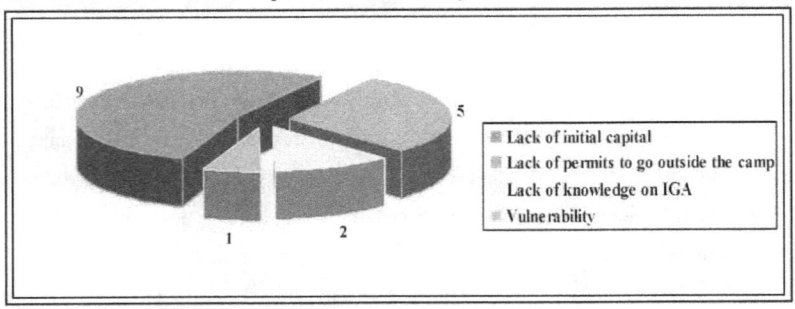

Source: Field data, 2010

chefs de ménage interrogés n'ont pas fait d'efforts pour lutter contre la pauvreté monétaire parce qu'ils n'avaient pas le capital initial, 5 (29%) n'ont pas fait d'efforts parce qu'ils n'avaient pas l'autorisation de quitter le camp, 2 (12%) n'ont pas fait d'efforts parce qu'ils ne connaissaient pas les activités génératrices de revenus et 1 (6%) a échoué à cause de la vulnérabilité.

Parmi les 43 (72 %) chefs de ménage interrogés dans la figure 4.4(a), qui admettent avoir essayé de faire quelque chose pour lutter contre la pauvreté monétaire, et parmi les 8 (53 %) informateurs clés de la figure 4.3(b), qui admettent que les organisations avec lesquelles ils travaillent ont déjà fait quelque chose pour aider les réfugiés à lutter contre la pauvreté monétaire, le chercheur a voulu leur demander si ces efforts avaient aidé les réfugiés à réduire le problème. Les réponses qu'ils ont reçues sont présentées dans le tableau 4.4(c).

Respondents answers	Heads of households		Key informants	
	Frequency	Percent	Frequency	Percent
Yes	06	14	00	00
No	37	86	08	100
Total	43	100	08	100

Source: Field data, 2010

Tableau 4.4(c) : Réponses à la question de savoir si les efforts ont aidé les réfugiés à lutter contre la pauvreté monétaire

Du point de vue des chefs de ménage, présenté dans le tableau 4.4(c), les faits montrent que sur 43 (100%) chefs de ménage, 6 (14%) d'entre eux sont d'accord pour dire que leurs efforts les ont aidés, tandis que la majorité, soit 37 (86%), ont dit que leurs efforts ne les avaient pas aidés.

Du côté des informateurs clés, 8 (100 %) des personnes interrogées ont affirmé que les efforts de leurs organisations pour sortir les réfugiés de la pauvreté monétaire n'avaient pas aidé.

En outre, les 6 (14 %) chefs de ménage interrogés dans le tableau 4.4(c), qui ont convenu que leurs efforts avaient contribué à la lutte contre la pauvreté monétaire, ont été invités à indiquer dans quelle mesure leurs efforts avaient été couronnés de succès. Un aperçu de leurs réponses est présenté dans le graphique 4.4(e).

Graphique 4.4(e) : degré de réussite des efforts de lutte contre la pauvreté monétaire pour certains réfugiés

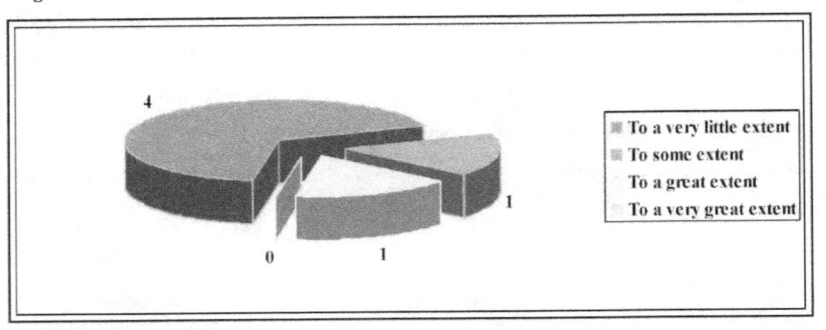

Source: Field data, 2010

Les informations de la figure 4.4(e) montrent que *4* (66%) des répondants ont répondu que les efforts les avaient très peu aidés, 1 (17%) des répondants a répondu que les efforts les avaient aidés dans une certaine mesure et un autre 1 (17%) a dit que les efforts les avaient beaucoup aidés. Cependant, aucun répondant n'a répondu que les efforts avaient été très utiles.

Les informations ci-dessus montrent donc que, malgré le peu d'efforts consentis, les réfugiés sont toujours menacés par la pauvreté monétaire.

Lors de l'évaluation des efforts déployés par les ménages réfugiés et les organisations humanitaires dans le camp de Nyarugusu, cette étude a également tenté de déterminer pourquoi les efforts déployés n'ont pas aidé à lutter contre la pauvreté monétaire. Les 37 (86 %) chefs de ménage déjà considérés dans le tableau 4.4(c), qui ont répondu que les efforts qu'ils ont déployés ne les ont pas aidés à sortir de la pauvreté monétaire, ont toutefois été priés d'indiquer les raisons de cette situation, qui sont présentées dans le tableau 4.4(d).

Tableau 4.4(d) : Raisons pour lesquelles les efforts entrepris n'ont pas abouti

1.	Restriction of movement by the host government
2.	Underpayment of refugee staff
3.	Poor organisational support
4.	Poor monetary circulation
5.	Closure of market
6.	Not knowing what to do

Source: Field data, 2010

De plus, les informateurs clés qui ont répondu que les efforts organisationnels pour aider les réfugiés à se sortir de la pauvreté monétaire n'ont pas abouti ont été invités à indiquer les raisons de cet échec. Leurs réponses sont présentées dans le tableau 4.4(e).

Tableau 4.4(e) : raisons pour lesquelles les efforts d'organisation n'ont pas abouti

1.	Poor financial support
2.	High demand
3.	Shortage of funds
4.	Poor market response
5.	Poor payments to refugee staff

Source: Field data, 2010

4.5. Obstacles à la lutte contre la pauvreté monétaire pour les ménages de réfugiés

L'étude a tenté d'identifier les différents obstacles auxquels les ménages réfugiés sont confrontés dans la lutte contre la pauvreté monétaire dans le camp de Nyarugusu. A cet effet, il a été demandé aux participants à l'étude s'ils avaient été confrontés à des contraintes quelconques dans la lutte contre la pauvreté monétaire. Les résultats de cette question sont présentés dans le tableau 4.5(a).

Tableau 4.5(a) : Réponses des personnes interrogées à la question de savoir si elles rencontrent des obstacles dans la lutte contre la pauvreté monétaire.

Respondents answers	Heads of households		Key informants	
	Frequency	Percent	Frequency	Percent
Yes	56	90	15	100
No	06	10	00	00
Total	60	100	15	100

Source: Field data, 2010

Les informations rassemblées dans le tableau 4.5(a) montrent que 56 (93 %) chefs de ménage ont accepté d'être confrontés à des restrictions dans leur tentative de réduire la pauvreté monétaire, et que seuls 4 (7 %) chefs de ménage ont déclaré n'être confrontés à aucune restriction.

Du côté des informateurs clés, 13 (87 %) des personnes interrogées sont d'accord pour dire que les réfugiés sont confrontés à des obstacles lorsqu'ils tentent de réduire la pauvreté dans le camp.

Afin d'identifier les restrictions auxquelles les réfugiés sont confrontés, le chercheur a demandé aux chefs de ménage et aux informateurs clés de les mentionner dans les questionnaires. Cependant, les contraintes identifiées sont celles présentées dans le tableau 4.5(b).

1.	Restriction of movement
2.	Being obliged to give bribery to get a travelling permit
3.	Violation of refugee rights by those in authority
4.	Closure of markets
5.	Lack of/ Poor initial capital
6.	High rate of underpayment in the refugee camp
7.	Discrimination on the basis of nationality (Xenophobia)
8.	Poor knowledge on how to start income generating activities
9.	Inhospitable environment for any kind of business

Source: Field data, 2010

Tableau 4.5(b) : Obstacles à la lutte contre la pauvreté monétaire

Les informations recueillies par les interlocuteurs lors de l'entretien montrent que les personnes interrogées sont confrontées à un certain nombre de problèmes lorsqu'il s'agit d'obtenir une autorisation de voyage. Les interlocuteurs ont déclaré lors de l'entretien

"Je ne savais pas si l'autorisation de voyager pour les réfugiés était un droit ou non. Plusieurs fois, j'ai dû quitter le camp, mais je ne pouvais pas voyager parce que je n'avais pas de permis de voyage. Chaque fois que j'ai demandé un permis, je ne pouvais l'obtenir qu'en payant 3.000 Tsh aux responsables. "

"De plus, j'ai fait la triste expérience que nous n'avons aucun droit. Il n'y a personne qui puisse vraiment nous aider lorsque nos droits sont bafoués.

Si nous avons un problème, nous devons essayer de le résoudre nous-mêmes. Nous avons

Des droits sur le papier, mais dans la pratique, nous n'en avons pas", ont déclaré les participants au débat.

Lors d'un entretien avec un fonctionnaire tanzanien, il est apparu clairement que certains résidents, en particulier ceux vivant à proximité des camps de réfugiés, n'étaient pas satisfaits des restrictions de la liberté de mouvement et de la fermeture des marchés imposées par le gouvernement du pays hôte. L'enquêteur officiel a expliqué au chercheur que :

"Les communautés locales bénéficient largement de la main-d'œuvre (illégale) bon marché des réfugiés, qui entraîne une augmentation de la production agricole dans les zones autour des camps. En fait, la vente de main-d'œuvre pour la culture/l'agriculture en général, même si elle est informelle/illégale, est si avantageuse pour les réfugiés comme pour les locaux qu'une fois les réfugiés partis, les effets se feront probablement sentir en profondeur dans la communauté locale sur les revenus et la production agricole en général. "

"De plus, il n'y a pas de dispensaire dans les villages et très peu de moyens de transport. Toutefois, ils reçoivent ces services de santé des camps de réfugiés, que le gouvernement ne leur fournit pas, et les routes sont régulièrement réparées par les organisations humanitaires qui travaillent dans les camps de réfugiés. Certains villages ont même réussi à obtenir de l'eau propre et sûre. Toutes ces réalisations sont toutefois le résultat de la présence de réfugiés dans le voisinage. Il n'y a donc aucune raison pour que le gouvernement limite leur liberté de mouvement, puisque ses citoyens bénéficient des camps de réfugiés", a déclaré le fonctionnaire tanzanien dans sa réponse.

Il ressort des faits mentionnés ci-dessus que les moyens de subsistance des réfugiés étaient menacés par les restrictions à la liberté de mouvement. Mais les locaux ont également perdu la main-d'œuvre bon marché qu'ils tiraient de la présence des réfugiés dans leurs villages.Les restrictions sont très spécifiques au contexte, mais les informations disponibles donnent un aperçu général des obstacles primaires - juridiques, économiques ou sociaux - à la pleine réalisation du potentiel de subsistance des réfugiés. Le principal problème des activités des réfugiés est le manque d'accès au marché du travail local, soit en raison d'une autorisation limitée de recherche d'emploi, soit en raison d'une restriction générale de la liberté de circulation, soit les deux. Les conséquences sont multiples : il y a des problèmes d'accès au crédit, aux stocks et aux matières premières, les débouchés sont limités à l'environnement du camp et ceux qui trouvent du travail en dehors des camps courent un risque élevé d'exploitation, de détention et parfois même de rapatriement forcé.En outre, le camp est situé dans une zone isolée et/ou marginale, dépourvue de possibilités d'emploi suffisantes, de services de soutien tels que les services de communication ou de crédit, ou de ressources naturelles, y compris les terres pour les produits agricoles et les pâturages. Dans de nombreux cas, l'accès au marché du travail local et la liberté de mouvement sont limités et les réfugiés dépendent de la distribution de rations alimentaires et d'autres biens comme principal moyen de survie.On peut déduire de ces résultats que la Tanzanie mène une politique restrictive à l'égard des réfugiés, en violation de la Convention de 1951 relative au statut des réfugiés. Il ressort de documents du PNUD (2009:42) que la politique tanzanienne prévoit un certain nombre de restrictions pour les réfugiés, car ils ne peuvent pas se déplacer librement, n'ont pas le droit d'exercer une activité économique et n'ont pas accès à la terre et à la production agricole. Or, tout cela constitue des restrictions aux moyens de subsistance des réfugiés.

4.6. Recommandations basées sur les résultats de l'étude

Dans le cadre de cette étude, le chercheur a tenté de recueillir les opinions des personnes interrogées, sur la base desquelles des recommandations ont ensuite été formulées. Dans ce contexte, les chefs de ménage interrogés ont été invités à formuler des suggestions sur ce qui, selon eux, devrait être fait par les ONG pour les aider à sortir de la pauvreté (voir figure 4.6(a)).

Graphique 4.6(a) : Propositions des ménages concernant les actions à entreprendre par les ONG

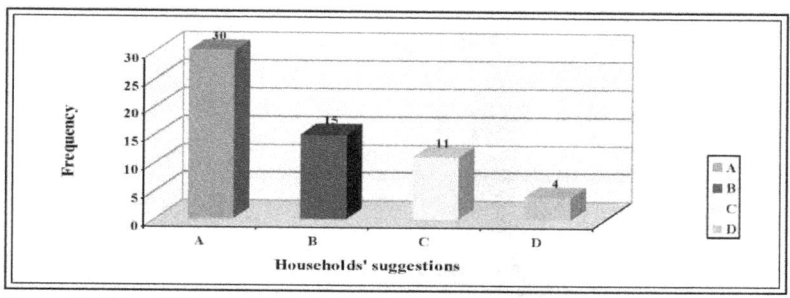

Source: Field data, 2010

Clé

A: Soutien aux groupes d'entraide de réfugiés

B: Augmentation des prestations sociales

C: Informer les réfugiés de leurs droits

D: Proposer des formations entrepreneuriales

Les résultats de la figure 4.6(a) montrent que 30 (50 %) chefs de ménage ont proposé de soutenir des groupes d'entraide de réfugiés, 15 (25 %) chefs de ménage ont proposé d'améliorer les services sociaux, 11 (18 %) chefs de ménage ont proposé de faire de l'éducation sur les droits de l'homme des réfugiés, 4 (7 %) chefs de ménage ont proposé d'offrir des formations à l'entrepreneuriat, c'est-à-dire des formations permettant aux réfugiés d'obtenir des permis de travail. Ils se sont donc concentrés sur le soutien des activités génératrices de revenus dans le camp, le développement des services sociaux et la délivrance de cartes d'identité afin de leur permettre de créer de petites entreprises à l'intérieur et à l'extérieur du camp. Dans le cadre de cette question de recherche, les informateurs clés ont également été invités à faire part de leurs suggestions sur ce que les ONG, en tant qu'intervenants, devraient faire pour rendre la situation agréable. La figure 4.6(b) illustre leurs propositions.

Figure 4.6(b) : Suggestions des informateurs clés sur ce que les ONG devraient faire

Clé

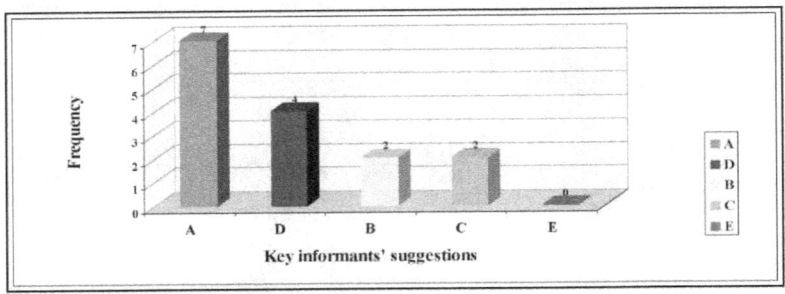

Source: Field data. 2010

A:	Soutien technique et matériel aux groupes d'entraide de réfugiés
B:	Convaincre le gouvernement d' autoriser le déménagement
C:	Mobilisation de la communauté des réfugiés pour la création de groupes d'entraide
D:	Formation des réfugiés sur leurs droits
E:	Autres

Les résultats de la figure 4.6(b) montrent que 7 (47 %) informateurs clés ont suggéré d'apporter un soutien technique et matériel aux groupes d'entraide de réfugiés, 4 (27 %) informateurs clés ont suggéré que les ONG persuadent le gouvernement d'accorder la liberté de circulation, 2 (13 %) informateurs clés ont suggéré de mobiliser la communauté des réfugiés pour créer des groupes d'entraide, 2 (13 %) informateurs clés ont suggéré d'organiser une formation aux droits de l'homme pour les réfugiés. Les informations ci-dessus suggèrent donc que le soutien aux groupes d'entraide de réfugiés est une intervention institutionnelle importante pour améliorer leur situation économique. De plus, les informations recueillies auprès des FGD suggèrent que les groupes d'entraide de réfugiés devraient être soutenus en leur fournissant les connaissances nécessaires à la gestion de petites entreprises et en leur accordant des crédits financiers et un soutien matériel à la hauteur des activités menées.

Un fonctionnaire tanzanien interrogé par World Vision a tenté d'étayer l'argument selon lequel si le HCR et ses organisations partenaires pouvaient convaincre le gouvernement de délivrer des cartes de réfugiés, cela aiderait les réfugiés à se libérer de la corvée d'obtention de permis de voyage. À cet égard, il a déclaré

> *"Le gouvernement devrait donner aux réfugiés la liberté de se rendre dans les villages environnants, permettre l'interaction entre les réfugiés et les habitants et autoriser les réfugiés à rester en dehors du camp afin qu'ils puissent contribuer au développement du village local.*

L'opinion citée ci-dessus n'était cependant pas sans rappeler la déclaration de l'ancien président de la Tanzanie Julius K. Nyerere (1979), qui déclarait que :

> *"Les réfugiés doivent être mis en mesure de gagner ou de produire leurs propres moyens d'existence aussi rapidement que possible... Les investissements destinés à satisfaire leurs besoins ne seront jamais gaspillés dans les économies africaines en pleine croissance, même si ces réfugiés devaient tous retourner à l'avenir à l'endroit d'où ils sont venus"* (Chen, 2005).

Figure 4.6(c) : Suggestions des ménages au gouvernement du pays d'accueil

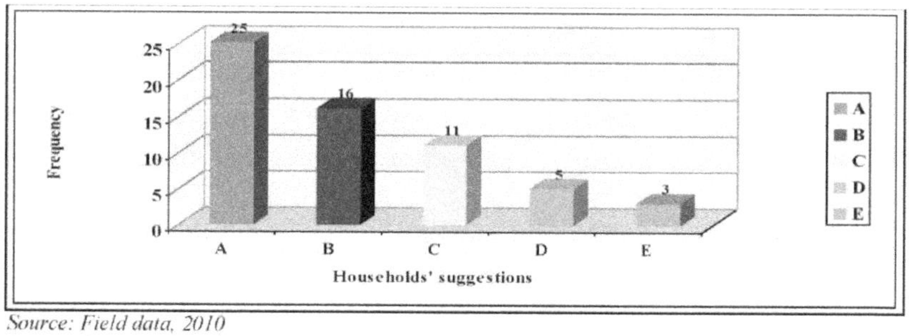

Source: Field data, 2010

A: Reconnaître les droits des réfugiés

B: Délivrance de cartes d'identité pour les réfugiés

C: L'octroi d'un permis de voyage comme droit pour un réfugié

D: Permettre aux réfugiés de mener des activités économiques dans le camp

E: être flexible dans ses décisions

Les informations présentées dans la figure 4.6(c) montrent que 25 (42%) chefs de ménage ont suggéré que le gouvernement reconnaisse les droits humains des réfugiés, 16 (27%) ont suggéré que le gouvernement délivre des cartes de réfugiés, 11 (18%) ont suggéré que le gouvernement accorde le droit de voyager, 5 (8%) ont suggéré que le gouvernement autorise les activités économiques des réfugiés dans le camp et 3 (5%) ont suggéré que le gouvernement soit flexible dans ses décisions.

Outre les informations susmentionnées, les résultats de l'enquête suggèrent que le gouvernement devrait délivrer aux réfugiés des permis de voyage ou des cartes d'identité leur permettant de se rendre dans les villages proches du camp et d'acheter des produits agricoles, et qu'il devrait également autoriser les personnes extérieures au camp à exercer leurs activités dans le camp de réfugiés, par exemple à vendre des légumes et d'autres produits pour compléter les denrées alimentaires insuffisantes qu'ils reçoivent du PAMNU ; en d'autres termes, il devrait y avoir une certaine interaction entre les réfugiés et la population locale. Dans ce sens, les informateurs clés ont également été invités à donner leur avis sur ce qui, selon eux, devrait être pris par le gouvernement comme mesure de précaution pour aider la communauté des réfugiés à sortir de la pauvreté monétaire. La figure 4.6(d) illustre les suggestions des personnes interrogées.

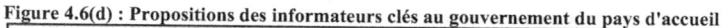

Figure 4.6(d) : Propositions des informateurs clés au gouvernement du pays d'accueil

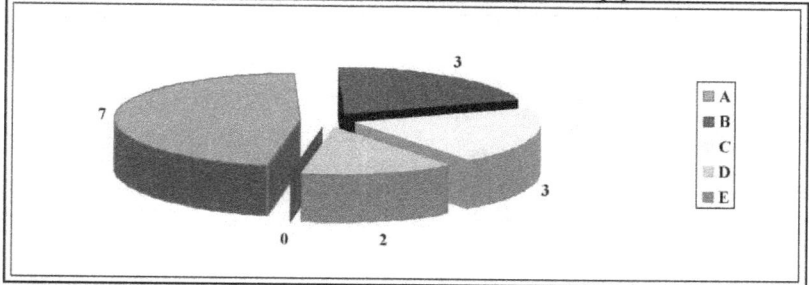

Source: Field data, 2010

Clé

A: Reconnaissance des droits des réfugiés

B: Permet aux ONG de renforcer les incitations pour les personnes qui aident à la fuite

C: Délivrance de cartes d'identité de réfugiés

D: Écouter les recommandations des ONG sur les réfugiés

E: Autres

L'illustration 4.6(d) montre que 7 (47 %) des informateurs clés ont suggéré que le gouvernement reconnaisse les droits des réfugiés, 3 (20 %) ont suggéré que le gouvernement donne aux ONG la possibilité d'augmenter les incitations pour le personnel des réfugiés, 3 (20 %) ont suggéré que le gouvernement délivre des cartes de réfugiés, 2 (13 %) ont suggéré que le gouvernement écoute les recommandations des ONG en ce qui concerne les réfugiés.

Les dernières recommandations de cette question de recherche s'adressent à la communauté des réfugiés, en demandant aux chefs de ménage de formuler leurs recommandations potentielles, sur lesquelles, selon eux, chaque ménage devrait travailler pour rendre sa situation agréable. Leurs propositions sont présentées dans la figure 4.6(e).

Figure 4.6(e) : Recommandations des ménages à eux-mêmes

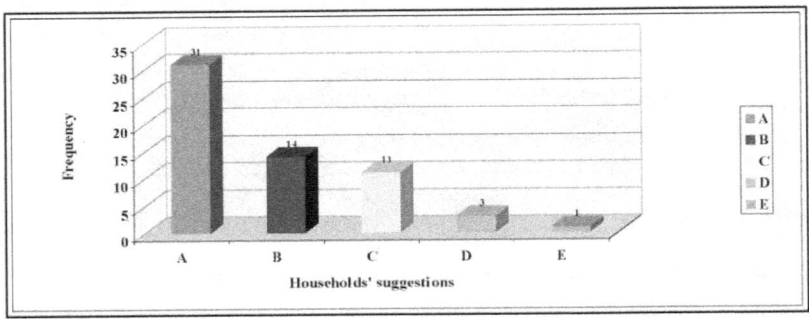

Source: Field data, 2010

Clé

A: Lancement de groupes d'entraide
B: coopérer entre eux
C: Création de comités de participation communautaire
D: Réduction de la dépendance vis-à-vis des ONG
E: Autres

Les résultats présentés dans la figure 4.6(e) montrent que 31 (52%) chefs de ménage ont suggéré que les ménages ou les réfugiés du camp de Nyarugusu initient des groupes d'entraide, 14 (23%) ont suggéré qu'ils coopèrent entre eux, 11 (18%) ont suggéré qu'ils créent des comités de participation communautaire, 3 (5%) ont suggéré que les réfugiés réduisent leur dépendance vis-à-vis des ONG, et 1 (2%) a suggéré qu'il y ait une autre alternative pour les réfugiés, en plus de celles mentionnées.

De la même manière, les informateurs clés ont également été invités à faire des propositions réalisables que chaque ménage devrait mettre en œuvre pour rendre la situation moins déplorable. Le tableau 4.6(a) présente leurs propositions.

Tableau 4.6(a) : Propositions des informateurs clés pour les ménages de réfugiés

Key informants suggestions to households	Frequency	Percent
Initiate income generating activities	07	47
Establish community credit schemes	06	40
Cooperate among themselves	02	13
Help one another	00	00
Other	00	00
Total	15	100

Source: Field data, 2010

Les résultats présentés dans le tableau 4.6(a) montrent que 7 (47%) des informateurs clés ont suggéré que les ménages de réfugiés mettent en place des activités génératrices de revenus, 6 (40%) ont suggéré que les ménages mettent en place des systèmes de crédit communautaires et 2 (13%) ont suggéré que les ménages coopèrent entre eux. Cependant, aucun informateur clé n'a suggéré que les ménages s'entraident, et aucune autre alternative n'a été proposée.

Cependant, au cours de la FGD, les discutants qui ont participé à la réunion en tant que chefs de ménage ont insisté sur le fait que la communauté devrait initier des groupes d'entraide, mettre en place des systèmes de crédit et les inscrire auprès d'ONG pour obtenir un soutien financier, professionnel et matériel.

Sur la base de ce qui précède, l'étude conclut que l'initiation d'activités génératrices de revenus par les ménages vivant dans le camp de Nyarugusu est un point de départ crucial pour réduire l'oppressante pauvreté monétaire qui menace la vie de centaines de réfugiés à Nyarugusu et leur fait mener une vie désespérée.

4.6 Conclusion

Cette étude s'est concentrée sur l'impact de la pauvreté monétaire sur les stratégies de subsistance des ménages de réfugiés, avec un accent particulier sur le camp de réfugiés de Nyarugusu. Les informations recueillies ont montré que la pauvreté monétaire dans le camp de réfugiés de Nyarugusu était inquiétante et avait un impact très négatif sur les stratégies de subsistance des ménages de réfugiés. La majorité de la population du camp n'avait pas d'activités génératrices de revenus, dépendait des prestations sociales insuffisantes des organisations humanitaires présentes dans la région et vivait donc avec un seul repas par jour, sans avoir de projet de vie ni d'avenir prévisible. D'autres s'adonnaient à des activités sexuelles commerciales, et il y avait des cas de négligence et d'éclatement des familles. Le revenu de la plupart des ménages ne dépassait pas 24.000 Tsh, soit 12 US$ par mois, et la plupart des ménages comptaient 4 à 6 membres, et ce dans les deux catégories de répondants au questionnaire.

Un certain nombre d'efforts déployés par les réfugiés eux-mêmes et par les organisations humanitaires ont été vains, en raison d'une série de raisons et d'obstacles d'ordre juridique, social ou autre. Face à cette situation, les réfugiés ont voulu se débarrasser du problème et ont donc proposé une série de mesures de précaution à prendre par les organisations humanitaires, le gouvernement du pays d'accueil et, en fin de compte, par eux-mêmes.

CHAPITRE 5
RÉSUMÉ, CONCLUSIONS ET INCLUSIONS POLITIQUES

5.1. Aperçu

Le traitement des données ne se fait pas pour elles-mêmes, mais sur la base de faits. À partir des faits, on peut tirer des conclusions. En fait, les résultats de la recherche ne sont pas la fin du processus de recherche, car la recherche est menée en réponse à un problème donné. La recherche est menée dans le but de trouver une solution au problème. En fait, les résultats de la recherche doivent en fin de compte être utilisés ou consommés par les parties intéressées. Pour atteindre cet objectif, l'auteur de ce travail a fait des propositions et des recommandations qui s'adressent à un grand nombre d'utilisateurs potentiels des résultats de la recherche.

Par conséquent, ce chapitre présente le résumé de la recherche, les conclusions et les implications politiques dans les sections suivantes.

5.2. Résumé

L'objectif principal de cette étude était d'examiner l'impact de la pauvreté monétaire sur les stratégies de vie des ménages réfugiés du camp de Nyarugusu, dans la région de Kigoma, au nord-ouest de la Tanzanie. L'étude a notamment permis de déterminer dans quelle mesure la pauvreté monétaire affecte les stratégies de vie des réfugiés, d'identifier et d'évaluer les efforts déployés pour lutter contre la pauvreté monétaire, d'identifier les obstacles auxquels les ménages réfugiés sont confrontés pour résoudre ce problème et d'élaborer certaines recommandations des personnes interrogées en rapport avec le problème auquel elles sont confrontées.

Les données ont été collectées auprès d'un total de cent (100) répondants. Les répondants ont été interrogés à l'aide de différentes méthodes de collecte de données : questionnaire, entretien et FGD. Un contrôle documentaire a également été effectué afin de recueillir les informations documentées.

Les résultats ont montré que la pauvreté des revenus affectait fortement les stratégies des ménages réfugiés pour assurer leur subsistance. A cet égard, des efforts ont été déployés en vain par les ménages de réfugiés et les organisations humanitaires. Des recommandations ont été formulées sur cette base.

5.3. Conclusion

L'étude conclut que les ménages de réfugiés dans le camp de réfugiés de Nyarugusu sont totalement affectés par les raz-de-marée de la pauvreté de revenus qui terrifient leur vie et les font vivre dans la vulnérabilité et le désespoir. En général, la restriction de la liberté de mouvement, le manque d'emplois, l'exclusion sociale, l'interdiction du commerce sur les marchés du camp, la restriction des droits des réfugiés, etc. Les conséquences sont toutefois multiples et très répandues. Il y a donc un grand besoin de différentes mesures proposées pour améliorer la situation.

5.4. Impact sur la politique

L'objectif de toute recherche est de réaliser une étude dont les résultats amènent le chercheur à proposer quelques pistes d'action. Cette étude a fourni quelques informations à partir desquelles le chercheur souhaite formuler quelques recommandations à l'intention de différentes parties prenantes potentielles, y compris les décideurs politiques. Toutefois, afin de préserver la communauté des réfugiés des raz-de-marée de la pauvreté monétaire tant qu'ils vivent dans leurs camps de réfugiés respectifs, des recommandations ont été adressées aux acteurs suivants :

5.4.1. Au gouvernement du pays d'accueil/au gouvernement de la Tanzanie

sociale aux groupes vulnérables, de contrôler les situations complexes et de résoudre les problèmes potentiels, d'appliquer et d'influencer les politiques rigides. Afin de trouver une solution au problème des moyens de subsistance des réfugiés et de leur offrir une vie future prévisible, les mesures suivantes sont proposées au niveau gouvernemental :

i. Se référant aux résultats de l'étude et à la déclaration de l'ancien président de la

Tanzanie, Julius K. Nyerere, citée par Chen (2005) en 1979, selon laquelle *"les réfugiés doivent être mis en mesure de produire ou de gagner leur propre vie aussi rapidement que possible... Les investissements destinés à satisfaire leurs besoins ne seront jamais gaspillés dans les économies africaines en expansion, même si ces réfugiés devaient tous retourner à l'avenir à l'endroit d'où ils sont venus"*, le gouvernement devrait accorder aux réfugiés la liberté de quitter les camps, de travailler, de faire du commerce et de l'agriculture, de posséder et d'exploiter des entreprises et de contribuer à l'économie de la Tanzanie, plutôt que de vivre dans un état de dépendance illimitée.

ii. Les communautés locales bénéficient largement de la main-d'œuvre (illégale) bon marché des réfugiés, ce qui entraîne une augmentation de la production agricole dans les zones entourant les camps. En effet, la vente de main-d'œuvre pour la culture/l'agriculture en général, même si elle est informelle/illégale, est si avantageuse tant pour les réfugiés que pour les locaux que l'impact sur les revenus et la production agricole en général devrait se faire nettement sentir dans la communauté locale après le départ des réfugiés. Par conséquent, le gouvernement du pays d'accueil devrait examiner les possibilités d'améliorer les moyens de subsistance des réfugiés et des autochtones dans les zones rurales et de renforcer/légaliser les alliances, les mouvements et les moyens de subsistance entre les deux parties au profit du pays d'accueil.

iii. Lancer une campagne publique d'éducation et de sensibilisation sur les avantages positifs que les réfugiés apportent aux communautés d'accueil, y compris leur contribution à la production agricole et à l'augmentation du commerce. Dans ce contexte, les populations locales devraient apprendre à apprécier le comportement et les performances des réfugiés en tant que groupe social productif,

iv. Supprimer la fermeture des marchés dans les camps et permettre le commerce entre les réfugiés et les locaux, c'est-à-dire créer une alliance de libre-échange entre les réfugiés et les locaux, afin que les deux parties aient accès aux produits de l'autre.

v. Les réfugiés devraient avoir la possibilité de suivre des formations sur les politiques et les lois du pays d'accueil qui les concernent, afin qu'ils puissent se conformer aux lois et, si possible, connaître leurs droits et obligations dans les pays d'asile. Dans ce contexte, le gouvernement devrait demander aux ONG donatrices de financer ces formations qui conduisent à l'application des droits des réfugiés, actuellement théoriques/de papier.

5.4.2. Aux ONG

Les ONG sont des acteurs importants dans la défense des intérêts, le renforcement des capacités d'action, la protection et la promotion des droits de l'homme et la fourniture de services sociaux aux groupes vulnérables. Afin de permettre aux ONG travaillant dans les camps de réfugiés de donner à leurs clients les moyens de surmonter la pauvreté monétaire et de subvenir à leurs besoins, les propositions suivantes sont présentées et devraient être mises en œuvre dans la mesure de leurs possibilités :

i. Influencer les responsables gouvernementaux, les chefs d'entreprise, les chefs religieux, les éducateurs et les autres institutions de la société civile sur les droits et la protection des réfugiés et sur les avantages économiques et sociaux que les réfugiés peuvent apporter à la Tanzanie grâce à ces droits.

ii. *"Il est préférable de dépenser plus pour des biens durables que de dépenser toujours moins pour des biens non durables".* cet égard, les ONG devraient non seulement fournir aux réfugiés des denrées alimentaires et des services de consommation immédiate qui ne leur permettent pas de subvenir à leurs besoins, mais aussi lutter contre l'esprit de dépendance en soutenant sincèrement les projets de développement durable et les activités génératrices de revenus des réfugiés et en leur apprenant à utiliser les ressources de manière efficace et efficiente, à commercialiser les petites entreprises et l'entrepreneuriat, à devenir indépendants, etc. Les ONG devraient donc apprendre à éviter les abus et les détournements de fonds demandés pour soutenir les activités économiques des réfugiés.

iii. coopérer avec le HCR pour évaluer les possibilités d'améliorer les moyens de subsistance des réfugiés en milieu rural, et notamment des groupes vulnérables.

5.4.3. Au HCR

Le HCR, en tant qu'organisation multilatérale liée aux gouvernements mais jouissant d'un statut juridique et opérationnel indépendant et travaillant en partenariat avec d'autres acteurs multilatéraux, est invité par la présente à travailler sur les propositions suivantes :

i. tenir les pays donateurs et le gouvernement du pays d'accueil responsables du respect de la Convention de 1951 et des autres lois nationales et internationales relatives à la protection des réfugiés et des demandeurs d'asile.

ii. identifier et, si possible, évaluer l'impact des réfugiés et des politiques relatives aux réfugiés sur des groupes sélectionnés de communautés d'accueil locales

iii. négocier et coordonner les initiatives des Nations unies et des donateurs qui apportent l'aide au développement dans les zones d'accueil des réfugiés et encouragent la participation des réfugiés aux activités économiques locales afin de soutenir les projets de développement en faveur des réfugiés

5.4.4. Aux pays donateurs

i. Engagement à long terme d'accorder une aide supplémentaire à la Tanzanie si elle accorde des droits aux réfugiés conformément à la Convention de 1951.

ii. le financement de projets de développement dans les zones d'accueil des réfugiés, qui favorisent une plus grande participation des réfugiés à l'agriculture, au commerce, aux entreprises et aux échanges de travail

iii. Engagement à long terme de rembourser la Tanzanie lorsqu'elle permet aux réfugiés d'accéder au système éducatif et aux soins de santé tanzaniens. Dans ce contexte, la Tanzanie ou tout autre pays d'accueil devrait également être remboursé pour la dégradation de l'environnement causée par la désignation de lieux de résidence permanente pour les réfugiés ou par les réfugiés.

5.4.5. Aux ménages de réfugiés

Il existe également un certain nombre de propositions qui devraient être traitées pour les réfugiés en tant que principal groupe cible et personnes concernées par la pauvreté monétaire. Ils devraient l'être à cet égard :

i. Lancez des petites entreprises et soumettez leurs propositions aux organismes compétents pour qu'ils les examinent et les soutiennent.

ii. d'utiliser efficacement le peu de ressources dont ils disposent (reçoivent) pour leur bénéfice futur et la durabilité de leurs projets générateurs de revenus.

iii. Ils créent des groupes d'entraide, tels que des organismes de crédit, pour s'autofinancer et proposent des prêts à leurs membres dans un système d'usure.

RÉFÉRENCES

Adam, J et Kamuzora, F (2008), *Méthodes de recherche pour les études économiques et sociales,* Projet de livre Mzumbe, Mzumbe Morogoro, Tanzanie

Ahmed, Z. S. (2005), *Pauvreté, stress familial et parentalité,*
Consulté le 24 novembre 2009 sur le World Wide Web :
http://www.humiliationstudies.org/documents/AhmedPovertyFamilyStr essParenting.pdf

Albert, M (1999), *Réfugiés, Un aperçu historique,*
Consulté le 9 novembre 2009 sur le World Wide Web :
http://www.refugees/history.pdf

Bakewell, O (2002), *Refugee Aid and Protection : Working in parallel or crosspurposes ?* New issues in refugee research, document de travail n° 35, HCR, Genève.

Blacks Academy (2007), *Theories of poverty : the culture of poverty,* consulté le 22 octobre 2009 sur le World Wide Web :
http://www.blacksacademy.net/content/3253.html

Bradshaw, T.K. (2000), *Complex community development projects : Collaboration, Comprehensive programs and community coalitions in complex society,* Community development journal, 35(2), 133-145

Bradshaw, T.K. (2006), *Theories of Poverty and Anti-Poverty Programs in Community Development,* (RPRC Working Paper No. 06-05), Human and community development department, University of California, Davis, CA 95616,
Consulté le 10 novembre 2009 sur le World Wide Web :
http://www.rupri.org/Forms/WP06-05.pdf

Cavaglieri, S (2005), *Livelihoods and Micro-finance in Refugee Camps,* Master Thesis, Master in Human Development and Food Security - Department of Economics, University of Rome, Tre - Rome, Italie.
Consulté le 9 novembre 2009 sur le World Wide Web :
http://www.gdrc.org/icm/disasters/Livelihoods.pdf

Chen, G (2005) Confinement and dependency, The Decline of Refugee Rights in Tanzania, World refugee survey, consulté le 28 janvier 2010 sur le World Wide Web :
http://www.uscr.org/uploadedFiles/Investigate/Publications&Archiv es/WRS Archives/2005/gregory_chen.pdf

Conger, R.D et al (2000) *Stress économique, processus de contrainte familiale et problèmes de développement chez les adolescents,* Child Development _.
Curltez, N (2002), *Qu'est-ce qu'un ménage ?*
Consulté le 10 novembre 2009 sur le World Wide Web :
http://www.canterbury.gov.uk/buildpage.php?id=2908

Dempas, K (2000), *Le monde des réfugiés, le besoin de solution*

Consulté le 9 novembre 2009 sur le World Wide Web :
http://www.world/refugees/history.pdf

Elizera, S. (2004), *Empowering women,* présentation lors de la conférence sur l'état des lieux à Ottawa, Canada, du 17 au 20 juin 2002

Goliath, L. (2008), *Impact de la pauvreté sur la qualité de vie dans les familles d'enfants handicapés,* consulté le 20 novembre 2009 à l'adresse :
http://goliath.ecnext.com/coms2/gi 0199-1404462/Auswirkungen-von-Armut-auf-Qualität.html

Hakikazi (2008), *points de vue sur la pauvreté*
Consulté le 21 octobre 2009 du World Wide Web :
http://www.hakikazi.org/zwp/types of poverty.htm ... _■ Chambre des communes (2004),
Migration et développement : comment faire de la migration une
work for poverty reduction, Sixth Report of Session 2003-04 Volume I, Londres : The Stationery Office Limited
Consulté le 30 novembre 2009 sur le World Wide Web :
http://www.publications.parliament.uk/pa/cm200304/cmselect/cmintde
v/79/79.pdf

Jailos, O (2006), *Refugee families breakdown,* un rapport présenté au HCR sur un atelier avec une réunion interinstitutionnelle pour les réfugiés

JMCC (2004), *Qui vit dans le camp de réfugiés de Jénine ? A brief Statistical profile,* consulté le 11 novembre 2009 sur le World Wide Web :
http://www.jmcc.org/new/02/apr/jenin.htm

Jonathan, K.S. (2006), *Refugees and Immigrants in Africa,* rapport d'étude, Centre for Refugee Studies, Moi University, Eldoret, Kenya.

Khawaja, M (2005), *Migration and the production of poverty : The refugee camps in Jordan,* Center for Research on Population and Health, Faculty of Health Sciences, American University of Beirut, Liban

Kothari, C.R. (2004), *Research Methodology, methods and techniques* (2nd revised Ed), K.K. Gupta for New Age International (P) Ltd, New Delhi

Lauer, H.R & Lauer, J.C (2004), *Social Problems and the quality of life,* New York : McGraw Hill

Maliyamkono, T.L & Mason, H (2006), *The promise,* Dar es salaam and South Africa : TEMA Publishers Company Ltd & Siyaya Publishing (Pty)

McClelland, A. (2000), *Impact de la pauvreté sur les enfants, Brotherhood* Comment, Brotherhood of St Laurence, Australie

Mgwabati, F. (2010, 15 avril) *Le taux de natalité élevé à Nyarugusu inquiète le HCR*, Daily News

Ministère des Affaires intérieures (2008), *Refugee statistics*, Dar es Salaam, Tanzanie Récupéré le 6 novembre 2009 du World Wide Web : http://www.moha.go.tz/index.php?option=com content&view=article& id=74&Itemid=152

Mugenda, A. et Mugenda, O. (1999), *Méthodes de recherche, Approches quantitatives et qualitatives*, African centre for technology studies (ACTS) Nairobi, Kenya

Nabulizi, M (2006), *Problems facing refugee women in the hosting countries, the case of Lugufu I and Lugufu II camp*, Une thèse de doctorat présentée en conformité partielle avec les exigences pour l'obtention de l'Advanced Diploma in Social Work, Institute of Social Work - Dar es salaam

Peter, O.L (2007), *Refugees and unemployment in havens*, exposé présenté lors d'une conférence sur le thème "Refugees in Africa", novembre

"nd......

Polit, D (1983), *Nursing Research, Principles and Methods, (2^d Ed)* Lipincott, Toronto

Ruzamuka, L (2006) *Poverty and the marginalised in Sub-Saharan Africa*, consulté le 13 novembre 2009 sur le World Wide Web : http://www.poverty/SSA.archives.marginalised.uk/3039.pdf

Sardarov, E (2001), *Refugees and displaced persons and poverty*, étude de cas, "SANIA" Humanitarian Information Analytical Agency, Azerbaïdjan Consulté le 13 novembre 2009 par http://info.worldbank.org/etools/docs/library/85673/devdebates/ECA/sa rdarov.pdf

Skeldon, R. (2003) *Migration and Poverty*, présentation à la conférence "African Migration and Urbanization in Comparative Perspective, Johannesburg, Afrique du Sud, 4-7 juin 2003, University of Sussex United Kingdom &University of Hong Kong China. Consulté le 30 novembre 2009 sur le World Wide Web : http://pum.princeton.edu/pumconference/papers/6-Skeldon.pdf

Taylor, J. (2004), *Réfugiés et exclusion sociale : ce que dit la littérature* Consulté le 22 octobre 2009 sur le World Wide Web : http://www.bsl.org.au/pdfs/Taylor MigActn refugees&soc exclusn ar ticle.pdf

PNUD (2009), *The Living Conditions and Well-being of Refugees*, Human Development Research Paper, Bart de Bruijn, juillet 2009/25 Consulté le 28 janvier 20f0 de http://hdr.undp.org/en/reports/global/hdr2009/papers/HDRP 2009 25. pdf

UNHCR (1999), *Protéger les réfugiés, un guide de terrain pour les ONG*, Atar Roto Presse

SA, Genève

HCR (2009), *Politique du HCR sur la protection des réfugiés dans les zones urbaines,* Consulté le 24 novembre 2009 sur le World Wide Web : http://www.reliefweb.int/rw/lib.nsf/db900sid/VDUX7W4M3C/$file/un hcr sep2009.pdf

UNHCR (2009), *UNHCR country operations profile 2010*, United Republic of Tanzania, consulté le 11 février 2010 sur le World Wide Web : http://www.unhcr.org/pages/49e45c736.html

URT (1998), *Kigoma region Socio-economic profile*, joint publication by the planning commission Dar es Salaam and Regional commissioner's office Kigoma, consulté le 7 décembre 2009 sur le World Wide Web : http://www.tzonline.org/pdf/kigoma.pdf

White, M. (2004), *Les politiques d'asile au Royaume-Uni et en Australie : une voie vers l' exclusion sociale*
?
Migration Action, Vol. XXIV, No.1, p. 4-14.

Welter, R. (2005) *Histoire des réfugiés,* Consulté le 23 octobre 2009, par : http://www.refugees.org/History.pdf

Williams, L & Batrouney, T (1998), *Immigrants and poverty, Australian poverty then and now,* Melbourne University Press, Melbourne.

ANNEXES

Appendix 1: Questionnaire for respondents heads of households

Introduction

Dear Respondent,

This questionnaire is sent to you in order to request for your cooperation in responding to the questions written below. The purpose is to collect data *"on income poverty and the livelihoods strategies of refugee households in Nyarugusu camp"*. Findings from this investigation are for academic purposes and are expected to provide useful information and knowledge for practical applications by all those who are involved in the delivery of humanitarian services to refugees. The information you provide will strictly be confidential.

Thanks in advance.

Personal particulars

1. Sex: (*Please indicate by check mark*)

    a. Male   [   ],   b. Female   [   ]

2. Education level: (*Please indicate by check mark*)

    a. Below secondary [   ],   b. Secondary [   ],

    c. Tertiary   [   ],   d. Other   [   ]

3. What is the size of your household? (*Please indicate by check mark*)

    a. 1 – 3   [   ],   b. 4 – 6   [   ],

    c. 7 – 9   [   ],   d. 10 – 13   [   ],

    e. 14 and above [   ]

The extent to which income poverty affects refugee households in Nyarugusu

4. What is your occupation? (*Please indicate by check mark*)

    a. Employed   [   ]'   b. Houseman/wife   [   ],

    c. Self employed   [   ]

5. What is your monthly household income? *(Please choose one answer)*

    a. Below 20,000 Tsh   [   ],   b. 20,000 Tsh – 30,000 Tsh [   ],

    c. 31,000 Tsh – 50,000 Tsh [   ],   d. 51,000 Tsh – 80,000 Tsh [   ],

    e. 81,000 Tsh – 100,000 Tsh[   ],   f. Above 100,000 Tsh   [   ]

6. Does income poverty affect your household?

    a. Yes   [   ],   b. No   [   ]

7. If **"Yes"**, to what extent does income poverty affect your household in the camp?

    a. To a very little extent   [   ],   b. To some extent   [   ],

    c. To a great extent   [   ],   d. To a very great extent   [   ]

8. What shows that income poverty affects your households? (Please tick one indicator below)

    a. Inability to meet basic needs   [   ],   b. Family break down [   ],

    c. Engagement in commercial sex [   ],   d. Family neglect   [   ],

    e. Early marriages   [   ],   f. Other   [   ]

Efforts taken in place to fight against income poverty

9. Have you ever taken any efforts to fight against income poverty in the camp you are living?

    a. Yes   [   ],   b. No   [   ]

10. If **"Yes"**, what are those efforts? *(Please mention and go to question No 15)* _____

_____

_____

11. If **"No"**, why haven't you taken any efforts?_____

_____

12. Have the efforts helped you to fight against income poverty?

    a. Yes   [   ],   b. No   [   ]

13. If **"Yes"** to what extent do you think the efforts have helped to fight against income- poverty?

    a. To a very little extent   [   ]   b. To some extent   [   ]

    c. To a great extent   [   ]   d. To a very great extent   [   ]

14. If **"No"**, why do you think the efforts have not helped to fight against income poverty? (Mention the reasons) _____

_____

Constraints faced by refugee households in fighting against income poverty

15. Are there any constraints you are facing in fighting against income poverty in the camp?

     a. Yes   [ ],   b. No [   ]

16. If **"Yes"**, mention the constraints you have faced _____

_____

Suggestions on what should be done by different stakeholders

17. What do you suggest to be done by NGO's working in the camp to alleviate income poverty among refugee households?

     a. Support refugee self help groups [   ]

     b. Increase social services   [   ]

     c. Educate refugees on their rights [   ]

     d. Provide entrepreneurial training [   ]

18. What do you suggest to be done by the host government to alleviate income poverty among refugee households?

a. Recognise refugee's rights [   ]   d. Allow economic activities [   ]

b. Issue refugee identity cards [   ]   e. Flexibility in decisions [   ]

c. Deliver travelling permit to refugees [   ]

19. What do you suggest to be done by refugee households to fight against income poverty among refugee households?

a. Initiate self help groups   [   ]   d. Reduce dependence on NGOs [   ]

b. Cooperate among themselves [   ]   e. Other [   ]

c. Create committees for community participation [   ]

Appendix 2: Questionnaire for key informants

Dear Key informant,

This questionnaire is sent to you in order to request for your cooperation in responding to the questions written below. The purpose is to collect data on *"income poverty and the livelihoods strategies of refugee households in Nyarugusu camp"*. Findings from this investigation are for academic purposes and are expected to provide useful information and knowledge for practical applications by all those who are involved in the delivery of humanitarian services to refugees. The information you provide will strictly be confidential.

Thanks in advance.

Personal particulars

1. Sex: (*Please indicate by check mark*)

    a. Male   [ ],   b. Female   [ ]

2. Education level: (*Please indicate by check mark*)

    a. Below secondary [ ],   b. Secondary [ ],

    c. Tertiary   [ ],   d. Other   [ ]

3. What is the size of your household? (*Please indicate by check mark*)

    a. 1 – 3   [ ],   b. 4 – 6   [ ],

    c. 7 – 9   [ ],   d. 10 – 13   [ ],

    e. 14 and above [ ]

Extent to which income poverty affects refugee households in Nyarugusu camp

4. What is your occupation? (*Please indicate by check mark*)

    a. Employed   [ ]',   b. Houseman/wife [ ],

    c. Self employed   [ ]

5. Does income poverty affect your household?

    a. Yes   [ ],   b. No   [ ]

6. If **"Yes"**, to what extent does income poverty affect your household in the camp?

    a. To a very little extent   [   ],   b. To some extent   [   ],

    c. To a great extent   [   ],   d. To a very great extent   [   ]

7. What shows that income poverty affects your households? (Please tick one indicator below)

    a. Inability to meet basic needs   [   ],   b. Family break down [   ],

    c. Engagement in commercial sex [   ],   d. Family neglect   [   ],

    e. Early marriages   [   ],   f. Other   [   ]

Efforts taken in place to fight against income poverty

8. Has your organisation ever taken any efforts to fight against income poverty in the camp you are living?

    a. Yes   [   ],   b. No   [   ]

9. If **"Yes"**, what are those efforts? *(Please mention and go to question No 15)* _____

_____

10. If **"No"**, why hasn't your organisation taken any efforts?_____

_____

11. Have the efforts helped refugees fight against income poverty?

    a. Yes   [   ],   b. No   [   ]

12. If **"Yes"** to what extent do you think the efforts have helped to fight against income- poverty?

    a. To a very little extent   [   ]   b. To some extent   [   ]

    c. To a great extent   [   ]   d. To a very great extent   [   ]

13. If **"No"**, why do you think the efforts have not helped to fight against income poverty? (Mention the reasons) _____

_____

Constraints faced by refugee households in fighting against income poverty

14. Are there any constraints facing refugees in fighting against income poverty in the camp?

    a. Yes   [   ],   b. No [   ]

15. If **"Yes"**, mention the constraints you have faced _____

Suggestions on what should be done by different stakeholders

16. What do you suggest to be done by NGO's working in the camp to alleviate income poverty among refugee households?

    a. Support refugee self help groups professionally and materially [   ]

    b. Convince the Government to allow free movement   [   ]

    c. Mobilise the refugee community to establish self help groups [   ]

    d. Train refugees on their rights [   ]

    e. Other [   ]

17. What do you suggest to be done by the host government to alleviate income poverty among refugee households?

    a. Recognise refugees' rights [   ]

    b. Allow NGOs to augment refugee staff incentives [   ]

    c. Issue refugee identity cards [   ]

    d. Listen NGOs recommendations concerning refugees [   ]

    e. Other [   ]

18. What do you suggest to be done by refugee households to fight against income poverty among refugee households?

    a. Initiate income generating activities [   ]

    b. Establish community credit schemes [   ]

    c. Cooperate among themselves [   ]

    d. Help one another [   ]

    e. Other [   ]

Appendix 3: Interview guide for respondents heads of households

Personal particulars

1. What is your marital status?
2. What is your education level?
3. What is your occupation?

The extent to which income poverty affects refugee households in Nyarugusu

4. Do you face income poverty here in the camp?
5. Does income poverty affect your household?
6. To what extent does income poverty affect your households?

Efforts taken in place to fight against income poverty

7. Have you ever taken any efforts to fight against income poverty in the camp?
8. What are those efforts?
9. Have the efforts helped you to fight against income poverty?
10. To what extent the efforts have helped to fight against income- poverty?
11. If the efforts have not helped you, why?

Constraints faced by refugee households in fighting against income poverty

12. Are there any constraints you are facing in fighting against income poverty?
13. What are some of the constraints you are facing in fighting against income poverty?
14. What do you think are the underlying causes of the constraints you are facing in fighting against income poverty?

Suggestions on what should be done

15. What do you suggest to be done by NGO's working in the camp to alleviate income poverty among refugee households?
16. What do you suggest to be done by the host government to alleviate income poverty among refugee households?

Appendix 4: Interview guide for officials

Personal particulars

1. What is your occupation?
2. What is the name of your organisation?

The extent to which income poverty affects refugee households in Nyarugusu

3. Based on the experience you have, is there income poverty among refugee households in Nyarugusu camp?
4. To what extent do you think income poverty affects refugee households?

Efforts taken in place to fight against income poverty

5. Has your organisation ever taken any efforts to help refugee households fight against income poverty in the camp?
6. What are those efforts?
7. Have the efforts helped refugee households to fight against income poverty?
8. To what extent do you think the efforts have helped to fight against income poverty?

Constraints faced by refugee households in fighting against income poverty

9. Are there any constraints your organisation is facing in helping refugee households fight against income poverty?
10. What are some of the constraints?

Suggestions on what should be done

11. What do you suggest to be done by NGO's working in the camp including your organisations to fight against income poverty among refugee households?
12. What do you suggest to be done by the host government to alleviate income poverty among refugee households?
13. What do you suggest to be done by refugee households to alleviate income poverty among refugee households?

Appendix 5: Checklist for focussed group discussion

Extent of the impact of income poverty on the livelihood strategies of refugees

1. What is the situation of income poverty in Nyarugusu camp?

2. Does income poverty affect refugee households in the camp?

3. Why do you say income poverty affects the livelihood strategies of refugee households? (What are the indicators?)

Efforts taken in place to fight against income poverty

4. Are refugees taking any efforts to fight against income poverty in the camp?

5. Apart from refugee efforts, are there any other efforts taken by NGOs, CBOs or the government to help refugees fight against income poverty?

6. Are the efforts helping refugees to fight against income poverty?

7. To what extent do you think the efforts are helping refugees to fight against income-poverty? (What are the indicators?)

8. If the efforts have not helped refugee households, why?

Constraints faced by refugee households in fighting against income poverty

9. Are there any constraints facing refugee households in fighting against income poverty?

10. What are some of the constraints you are facing in fighting against income poverty?

11. What do you think are causes of the constraints you are facing in fighting against income poverty?

Suggestions on what should be done

12. What do you suggest to be done by refugees to alleviate income poverty?

13. What do you suggest to be done by NGO's working in the camp to alleviate income poverty among refugee households?

14. What do you suggest to be done by the host government to alleviate income poverty among refugee households?

Appendix 6: Closure of markets in Lukole 'A' camp: refugee children to suffer

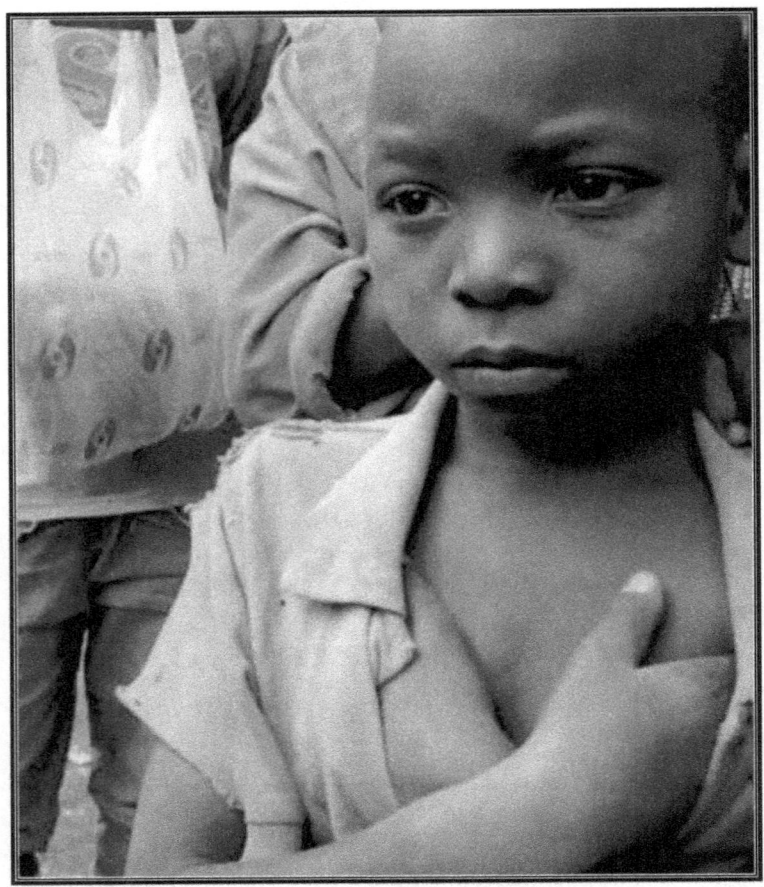

A Burundian boy in Lukole A camp, home to about 50,000 refugees. The boy standing behind him sells bread hanging from the plastic bag. Throughout 2004, Tanzanian authorities forbade Lukole A refugees from trading in the camp market, leaving them few alternatives to earn money.
Source: Chen (2005)

Appendix 7: Refugees in fight against income poverty

Refugee women selling fish and vegetables in Camp Street during closure of the market by Tanzanian authorities in Nyarugusu camp

Source: Field data, 2010

Appendix 8: Focus group discussion team

Source: Field data, 2010

Aperçu du contenu

CPSIA information can be obtained
at www.ICGtesting.com
Printed in the USA
LVHW111226230223
740172LV00005B/229